난생 처음 중단하고 싶지 않은 영어공부를 만나다!

구글 코리아 홍보총괄 전무 **정김경숙**

직장인의 업무 환경을 정확하게 이해한 주제와 표현 선정!

삼성전자 디자인그룹 수석디자이너 **전상운**

일상회화를 넘어 비즈니스 영어까지 갖추고 싶다면 읽어야 할 책!

카카오 커머스본부 카카오스타일 파트PM **조안나**

45년 동안 안 되던 영어, 드디어 그 해답을 찾다!

DSC인베스드먼드 전무 **하태훈**

한 번도 경험해보지 못한, 유일하게 성공한 영어 말하기 수업!

타이거팀 CEO **황석훈**

한국인을 위한 가장 과학적인 영어 스피킹 훈련 프로그램

스피킹 매트릭스
SPEAKING MATRIX

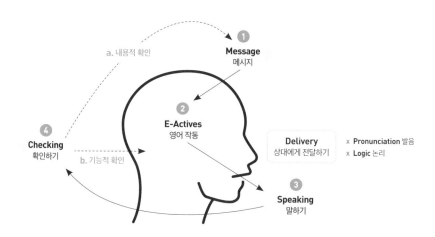

영어 강의 21년 경력의 스피킹 전문가가

한국인의 스피킹 메커니즘에 맞춰 개발하여

대학생, 취업 준비생, 구글코리아 등 국내외 기업 직장인들에게

그 효과를 검증받은 가장 과학적인 영어 스피킹 훈련 프로그램

『스피킹 매트릭스 Speaking Matrix』

이제 여러분은 생각이 1초 안에 영어로 완성되고

1분, 2분, 3분,… 스피킹이 폭발적으로 확장하는

놀라운 경험을 하게 될 것이다!

내 영어는
왜 5초를 넘지 못하는가?

당신의 영어는 몇 분입니까? 영어를 얼마나 잘하는지 확인할 때 보통 "얼마나 오래 말할 수 있어?", "1분 이상 말할 수 있니?"와 같이 시간을 따집니다. 영어로 오래 말할 수 있다는 것은 알고 있는 표현의 수가 많고, 다양한 주제를 다룰 풍부한 에피소드들을 가지고 있음을 의미합니다. 그래서 '시간의 길이는 스피킹 실력을 판가름하는 가장 분명한 지표'입니다.

스피킹 매트릭스, 가장 과학적인 영어 스피킹 훈련법! 영어를 말할 때 우리 두뇌에서는 4단계 과정(왼쪽 그림 참조)을 거치게 됩니다. 그러나 보통은 모국어인 한국어가 영어보다 먼저 개입하기 때문에 그 과정이 원활하게 진행되지 못합니다. 『1분 영어 말하기』에서 『3분 영어 말하기』까지 스피킹 매트릭스의 체계적인 훈련 과정을 거치고 나면 여러분은 모국어처럼 빠른 속도로 영어 문장을 완성하고 원하는 시간만큼 길고 유창하게 영어를 구사할 수 있게 됩니다.

▶ 스피킹 매트릭스 훈련과정

 1분 영어 말하기
눈뭉치 만들기 ⋮ 스피킹에 필요한 기본 표현을 익히는 단계

↓

 2분 영어 말하기
눈덩이 굴리기 ⋮ 주제별 표현과 에피소드를 확장하는 단계

↓

 3분 영어 말하기
눈사람 머리 완성 ⋮ 자신의 생각을 반영하여 전달할 수 있는 단계

▶ 스피킹 매트릭스 시리즈

독자의 1초를 아껴주는 정성!

세상이 아무리 바쁘게 돌아가더라도
책까지 아무렇게나 빨리 만들 수는 없습니다.
인스턴트 식품 같은 책보다는
오래 익힌 술이나 장맛이 밴 책을 만들고 싶습니다.

길벗이지톡은 독자여러분이
우리를 믿는다고 할 때 가장 행복합니다.
나를 아껴주는 어학도서,
길벗이지톡의 책을 만나보십시오.

독자의 1초를 아껴주는

정성을 만나보십시오.

미리 책을 읽고 따라해본 2만 베타테스터 여러분과
무따기 체험단, 길벗스쿨 엄마 2% 기획단,
시나공 평가단, 토익 배틀, 대학생 기자단까지!
믿을 수 있는 책을 함께 만들어주신 독자 여러분께 감사드립니다.

홈페이지의 '독자마당'에 오시면
책을 함께 만들 수 있습니다.

(주)도서출판 길벗 www.gilbut.co.kr
길벗 스쿨 www.gilbutschool.co.kr

mp3 파일 다운로드 안내

홈페이지 (www.gilbut.co.kr) 회원(무료 가입)이 되시면 오디오 파일을 비롯하여 다양한 자료를 이용하실 수 있습니다.

1단계   로그인 후 도서명 ▼ [   ] [검색] 에 찾고자 하는 책이름을 입력하세요.

2단계   검색한 도서에 대한 자료를 다운로드 받으세요.

SPEAKING MATRIX

직장인을 위한 1분 영어 말하기

SPEAKING MATRIX

직장인을 위한 1분 영어 말하기

초판 1쇄 발행 · 2018년 1월 30일
초판 5쇄 발행 · 2023년 6월 30일

지은이 · 김태윤 | **컨텐츠 어시스트** · 황서윤
발행인 · 이종원
발행처 · (주)도서출판 길벗
브랜드 · 길벗이지톡
출판사 등록일 · 1990년 12월 24일
주소 · 서울시 마포구 월드컵로 10길 56(서교동)
대표 전화 · 02)332-0931 | **팩스** · 02)323-0586
홈페이지 · www.gilbut.co.kr | **이메일** · eztok@gilbut.co.kr

기획 및 책임편집 · 임명진(jinny4u@gilbut.co.kr), 김대훈 | **디자인** · 황애라 | **제작** · 이준호, 손일순, 이진혁
마케팅 · 이수미, 장봉석, 최소영 | **영업관리** · 김명자, 심선숙 | **독자지원** · 윤정아, 최희창

편집진행 및 교정교열 · 강윤혜 | **전산편집** · 조영라 | **일러스트** · 정의정
오디오녹음 · 와이알미디어 | **CTP 출력 및 인쇄** · 예림인쇄 | **제본** · 예림바인딩

ISBN 979-11-5924-152-9 04740 (길벗도서번호 300916)

정가 11,000원

독자의 1초까지 아껴주는 정성 길벗출판사

(주)도서출판 길벗 | IT교육서, IT단행본, 경제경영서, 어학&실용서, 인문교양서, 자녀교육서
www.gilbut.co.kr
길벗스쿨 | 국어학습, 수학학습, 어린이교양, 주니어 어학학습, 학습단행본
www.gilbutschool.co.kr

과학적 3단계 영어 스피킹 훈련 프로그램

SPEAKING MATRIX

김태윤 지음

직장인을 위한
1분 영어 말하기

배운 즉시 업무에 활용하는 프로의 영어 스피킹!

묻혀 있는 거대한 영어 잠재력

우리나라 직장인들에게 영어 할 줄 아냐고 물어보면 거의 대부분 손사래를 치며 '못해요' 합니다. 누가 봐도 영어를 못하는 것처럼 보이는 이들은 사실 자신이 어떤 잠재력을 갖고 있는지 전혀 알지 못하고 살아가는 사람들입니다. 지금 저의 눈에는, 이들은 영어를 상당히 잘할 수 있는 조건을 이미 차고 넘치게 갖고 있는 사람들로 보입니다. 중고등학교를 거쳐 대학까지, 또 여러 가지 경로를 통해 우리는 영어를 접하면서, 하고 싶어 했든, 억지로 했든지 간에 우리에게는 이미 좋은 재료들이 많이 들어와 있습니다. 유일한 문제는 우리가 제대로 영어 말하기를 해본 적이 없다는 잘못된 경험뿐입니다.

'제대로 된 경험'을 시작하는 순간, 우리가 갖고 있던 잠재력은 드디어 입 밖으로 쏟아져 나오기 시작합니다. 저는 우리나라 직장인분들 하나도 빠짐없이 모두가 이 신기하면서도 당연한 '영어로 말하는 즐거움'을 경험하실 수 있다고 믿습니다. **'영어 못하는' 사람이 아니라, 갖고 있는 영어 잠재력을 '아직 쓰지 않은' 사람일 뿐입니다.**

한국인이 쉽게 흡수하는 영어 표현들부터

기존의 비즈니스 영어나 직장인 영어회화 등은 좋은 영어 표현으로 가득 차 있습니다. 문제는 막상 이를 써보려고 하면 잘 떠오르지 않거나, 익숙하게 내뱉는 데에는 시간이 오래 걸린다는 점입니다. 우리말과 다른 표현 방법, 너무 어려운 단어, 간단한 내용인데 상당히 현란하게 들리는 표현 등은 읽거나 듣기에는 좋아도 한국인으로서 '영어로 말하기'에는 너무 힘든 것들입니다.

제가 현장에서 확인한, 우리나라 직장인들이 빨리 흡수하는 영어 표현들은 우리에게 '빨리 동감이 되고 해볼 만하다'는 느낌을 주는 표현들이었습니다. 희한하게 우리나라 사람들이 쉽게 받아들이고 자주 하게 되는 영어 표현들이 따로 있다는 것을 알아낸 이후부터는 그 **표현들을 중심으로 말을 이어나가게 했는데, 이런 표현들이 입에 익는 속도는 놀라웠습니다.** 이 표현들을 모두 정리해 교재에 모두 싣게 되어, 그 효과를 더 많은 사람들이 누리게 될 것이라는 통쾌함이 있습니다.

직장인들이 주로 말하는 내용: 목표 설정 – 실행 – 문제 해결 – 결과 측정

회의 영어나, 이메일 영어, 프레젠테이션 영어 등의 분류는 겉에 불과합니다. 막상 중요한 것은 회의나, 이메일, 프레젠테이션에서 다루는 바로 그것이죠. 영어 말하기 수업을 하다 보면, 여러 직장인들의 주 관심사를 듣게 됩니다. 이를 토대로 공통점을 모아 정리해보니 주제는 크게 네 가지, 1) 목표를 설정하고 2) 이를 역할 분담하여 실행하고 3) 발생하는 문제를 해결하고 4) 최종 결과를 측정해 성과에 대한 보상을 한다는 큰 뼈대가 있음을 알게 되었습니다.

이는 대한민국 모든 직장인들에게도 당장 '할 말'이 됩니다. 동떨어진 남의 말을 하는 것은 당연히 잘 익혀지지 않지만, 자신의 이야기라면 자연스럽게 관심이 가고 이는 강한 기억으로 남아 다음에 말할 때 더 잘 떠오르게 됩니다. 한국의 직장을 다니는 사람으로서 하게 될 말을 영어로 담는 첫 번째 영어 말하기 책이라는 점에 강한 자부심과 함께, 적은 비용으로 큰 효과를 볼 수 있으리라는 다행스러움이 동시에 느껴집니다.

한국의 프로로서 영어라는 마이크를 쥐고 세계와 비즈니스

못한다고 손사래를 치던 한 대표는 현재 해외에서 영어로 유료 강의를 진행하고 있습니다. 영어 때문에 커리어가 막힐 것 같다고 한탄하던 디자이너는 미국 출장에서 직접 영어로 회의를 하고 있습니다. 57세에 처음 영어로 말하기 시작한 박사님은 외국 정부인사와 회의를 하고 500명 앞에서 영어로 프레젠테이션을 성공적으로 진행하셨습니다. 지금 이 책을 보고 계시는 바로 당신에게도 이 당연하고도 기적 같은 즐거움이 그대로 일어날 것을 믿어 의심치 않습니다.

이 책이 나올 수 있도록 허락해주신 길벗 출판사와 담당자분들에게 먼저 감사의 말씀을 전합니다. 그동안 저와 함께 영어 말하기의 즐거움을 나눈 모든 프로들께도 다시 한 번 감사의 말씀을 전합니다. 특히, 제 강사 인생의 변곡점을 만들어주신 구글코리아 정김경숙 전무님께 지면을 빌어 감사의 말씀을 전합니다. 고래를 품는 바다 같은 저의 아내와 존재 자체가 자랑스러운 규리와 관용이에게도 감사와 사랑을 전합니다. 끝으로, 역시 하늘에서 마냥 기뻐하시고 등 두드려주실 어머님, 아버님께 존경과 사랑을 전합니다.

저자 김태윤

한국인이 영어를 말할 때 머릿속에서 일어나는 사고의 진행 과정을 한 장의 그림으로 응축해 낸 것이 스피킹 매트릭스(Speaking Matrix)입니다. 이 책의 모든 콘텐츠와 훈련법은 스피킹 매트릭스를 기반으로 각각의 프로세스를 원활히 하는 데 초점을 맞춰 제작되었습니다.

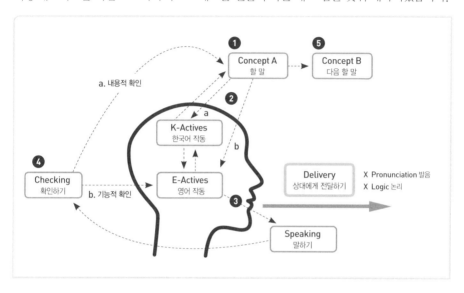

지금부터 스피킹 매트릭스의 각 단계가 어떤 식으로 흘러가는지, 단계마다 어떤 식으로 훈련하는 것이 효과적인지 차근차근 설명해 드리겠습니다.

① Concept A 할 말이 떠오른다

말하기의 전제는 머릿속에 떠오른 할 말로 이것이 Concept입니다. 짧은 표현일 수도 있고 긴 이야기일 수도 있지요. 이 할 말이 떠올랐을 때 나머지 기능들이 작용하기 시작합니다. 그래서 할 말이 떠오르는 것은 스피킹의 가장 첫 단계입니다. 당연한 것 같지만 간과하기 쉬운 부분이죠. 말을 어느 정도 할 수 있는 사람이라도 Concept가 약하면 갖고 있는 다른 능력들이 제대로 활용되지 않습니다. 생각해 본 적이 없거나 생각하고 싶지 않거나 깊이 생각하는 습관이 없을 때 즉, Concept가 약할 때는 모국어가 어떤 언어이든 한마디도 못하는 답답한 상황이 되고 맙니다.

❷ Actives 익숙한 언어가 작동한다

Actives는 말할 때 사용하는 표현, 문법, 어휘 등을 뜻합니다. 말하고자 하는 내용이 떠오르면, 우리의 머릿속에서는 자신에게 익숙한 언어로 표현하려는 의지가 작동합니다. 자물쇠에 열쇠를 꽂고 돌리는 것처럼 습관적으로 일어나는 행동입니다. 한국인인 우리에게 한국말이 먼저 떠오르는 것은 당연한 일이죠. 그런데 이것을 억지로 영어로 번역해서 말하려고 하니까 애를 먹게 되는 겁니다. 번역 자체가 시간을 요하는 일인데 말하는 동시에 머릿속에서 해내려니 애를 먹게 되죠.

여기서 우리가 해야 하는 것은 열쇠가 다른 방향, 즉 영어 쪽으로도 능숙하게 돌아가도록 노력해 보는 겁니다. 어려울까 봐 지레 걱정하지 마세요. 처음에는 더듬거리며 치던 키보드도 연습하면 안 보고도 칠 수 있듯이 제대로 훈련만 하면 누구나 할 수 있습니다.

2a. K-Actives 우리말이 먼저 떠오른다

K-Actives에서 K는 Korean 즉, 한국어를 뜻합니다. E-Actives의 E는 English를 뜻하고요. 영어 스피킹 훈련이 충분히 안 된 상태에서는 아무래도 익숙한 모국어가 먼저 작동하겠지요. 그래서 한국인인 우리 머릿속에서는 어떤 말을 하려고 할 때 우리말이 먼저 떠오르고(K-Actives) 그 다음에 그에 해당하는 영어를 떠올리는(E-Actives) 과정이 일어나는 것입니다. 하지만 우리말이 적극적으로 영어에 영향을 끼치고 있어서 번역의 고통과 함께 어색하고 잘못된 표현이 만들어지기 쉽습니다.

2b. E-Actives 영어가 먼저 떠오른다

영어 말하기에 능숙한 사람은 E-Actives가 먼저 작동해 영어가 먼저 떠오릅니다. 우리말 개입이 거의 일어나지 않고, 영어가 우리말에 영향을 주기도 합니다. 영어 표현에 숙달됐을 뿐 아니라 표현 방식도 영어식으로 발달해 있는 상황이죠. 하지만 이런 경우라도 난감한 표현이나 처음 해보는 말일 때는 다시 K-Actives가 작동할 수 있습니다. 영어로 한참 잘 말하다가 갑자기 우리말이 불쑥 튀어 올라오는 거죠. '어! '치사하다'가 영어로 뭐지?' 이런 식으로 말입니다.

K-Actives가 작동하면 갑자기 말을 버벅대거나 말이 느려지거나 어색한 표현을 쓰게 됩니다. 이럴 때는 당황하지 말고 처음 하고자 했던 말(Concept A)에 최대한 집중하고 자신이 아는 표현을 최대한 활용해 말을 잘 만들어낼 수 있도록 노력하면 됩니다.

③ Speaking 말을 하다

이런 진행 과정을 거쳐 구성된 말을 내뱉는 단계입니다. 이때 발음(pronunciation)과 논리(logic)는 상대방에게 내용을 전달(delivery)할 때 그 효과를 배가시켜 줍니다. 아무래도 발음이 정확하고 논리적이면 내용 전달에 더 효과적이겠지요. 하지만 발음의 경우, 다소 부정확하더라도 말하는 내용의 전체 맥락에서 어느 정도 이해할 수 있으므로 의사소통에는 사실상 큰 문제가 되지 않습니다. 그러나 논리의 경우는 다릅니다. 여기서 말하는 논리란 말의 흐름이 자연스럽고 상황을 구체적으로 표현해서 상대방이 뚜렷하게 이미지를 떠올릴 수 있는 정도를 말합니다. 전달하고자 하는 말이 두서가 없거나 앞뒤 흐름이 이어지지 않거나 근거가 부족한 경우라면 상대방이 이해하기가 힘들겠지요.

④ Checking 내가 한 말이 맞는지 확인한다

말을 하고 난 다음에는 방금 한 말이 자기가 원래 하려던 말인지 확인하는(checking) 과정이 진행됩니다. 이는 본능적으로 일어나는 과정이므로 말하는 사람이 미처 인지하지 못할 수도 있습니다. 여기서 확인(checking)은 내용적인 확인과 기능적인 확인으로 나뉩니다.

4a. 내용적인 확인 | 말할 내용을 제대로 전달했는지 확인한다

내용적인 확인은 거의 본능적으로 순식간에 이루어지기 때문에 대부분 의식하지 못하지만, 스피킹에서 매우 중요한 단계입니다. 말하는 도중 딴 생각을 하거나 주의가 다른 데 가 있으면 자신이 의도했던 말과 다른 말을 해도 눈치채지 못하는 상황이 벌어지게 됩니다. 그런 경험 한두 번쯤은 있을 텐데요. 내용적인 확인이 제대로 진행되지 않았을 때 일어나는 상황입니다.

4b. 기능적인 확인 | 문법, 표현, 어휘가 정확했는지 확인한다

오류 검토 작업이 이루어지기도 하고, 더 나은 표현이 떠오르기도 하는 등 다양한 상황이 벌어집니다. 그리고 오류를 알아차리는 순간 말을 반복하거나 정정하거나 다른 표현을 말하기도 합니다. 이 단계에서 잘 조정하면 말하기 흐름을 바로 원활하게 고쳐나갈 수 있습니다.

스피킹이 능숙한 사람은 내용적인 확인과 기능적인 확인이 동시에 진행됩니다. 반대로 스피킹이 익숙하지 않은 사람은 이 과정이 동시에 진행될 때 머리에 쥐가 나고 말문이 막히게 됩니다. 오류에 신경 쓰면 다음 말이 떠오르지 않고, 내용에 신경 쓰면 오류가 나는 것이죠. 하지만 걱정할 필요는 없습니다. 이는 여러분이 유창한 스피킹으로 가기 위해 거쳐야 하는 당연한 과정이니까요.

❺ Concept B 다음 할 말이 떠오른다

❶~❹의 과정이 모두 진행되고 나면 이제 Concept B 즉, 다음 할 말이 떠오릅니다. 당연한 과정 같겠지만, 실제로 우리가 말할 때 이런 식의 흐름이 이어지는 것은 그리 쉬운 일이 아닙니다. 말을 하다가 내가 무슨 말을 하고 있는지, 무슨 말을 하고 싶은지, 무슨 말을 해야 하는지 몰라서 뚝 끊기는 경우가 있는데, 바로 ❶~❹의 과정이 원활하지 않아 ❺로 자연스럽게 이어지지 않기 때문입니다.

실질적인 의사소통의 도구로서 영어 스피킹 실력을 늘릴 때는 기능적인 확인보다는 내용적인 확인에 집중하는 것이 효과적입니다. 정확한 문법, 표현, 어휘를 사용하는 것도 중요하지만, 스피킹에서는 무엇보다도 내가 지금 말하고자 하는 내용을 상대방에게 제대로 전달하는 것이 더 중요하다는 말입니다. 따라서 말할 때 너무 틀리지 않으려고 애쓰기보다는 조금 틀리더라도 말하고자 하는 내용에 집중하려고 하는 것이 스피킹 실력을 효과적으로 향상시킬 수 있는 방법입니다.

〈스피킹 매트릭스 시리즈〉에는 짤막한 표현을 덩어리로 익히는『1분 영어 말하기』부터 다양한 에피소드를 채워 대화를 풍부하게 하는『2분 영어 말하기』, 그리고 자신의 의견을 구체적인 근거를 들어가며 설득력 있게 전달하는『3분 영어 말하기』까지 여러분의 영어 실력을 과학적 · 체계적으로 확장해 주는 3단계의 훈련 과정이 준비되어 있습니다.

: 스피킹 매트릭스 3단계 훈련 :

1분
영어말하기

눈뭉치 만들기 : 스피킹에 필요한 기본 표현을 익히는 단계

혹시 눈사람을 만들어 보셨나요? 빨리 만들고 싶다고 해서 한 번에 커다란 눈 덩어리를 만들 수는 없습니다. 아무리 큰 눈사람도 작은 눈뭉치를 두 손으로 단단하게 다지는 과정부터 시작합니다. 눈사람을 많이 만들어 본 사람일수록 처음에 시작하는 눈뭉치를 얼마나 단단하고 알차게 만들 수 있는지에 집중합니다. 그래야 이 작은 눈뭉치를 굴리고 굴려서 원하는 크기의 눈사람을 만들 수 있을 테니까요.

눈사람을 완성하기 위한 뼈대가 되어줄 단단하고 알찬 눈뭉치, 이것이 바로『1분 영어 말하기』의 기본 표현입니다. 우리가 일상생활에서 자주 사용하고 어떤 주제에 대해 말하더라도 공통적으로 등장하는 표현들입니다. 가장 우선적으로 익혀야 하고 일단 익히고 나면 유용하게 쓸 수 있습니다. 영어를 못하는 사람일수록 이 기본 표현부터 눈을 뭉치듯 확실하게 입에 붙여야 합니다.

핵심 중의 핵심만 뽑았기에 분량은 많지 않지만 이 표현들로 할 수 있는 말은 상당합니다. 사용 빈도가 높은 표현들이기에 이것을 적용해서 말할 수 있는 상황도 많기 때문이죠.

2분
영어 말하기

눈덩이 굴리기 : 주제별 표현과 에피소드를 확장하는 단계

일상생활에서 우리가 어떤 주제를 가지고 이야기할 때는 하게 될 말들이 뻔~한 경우가 많습니다. 자전거를 예로 들까요? 타고, 넘어지고, 브레이크 잡는 것 등에 대한 이야기는 늘 하게 되죠. 어차피 하게 될 이런 이야깃거리들을 미리 익혀둔다면 스피킹을 할 때 당연히 유리할 것입니다. 단어 따로 문법 따로 배우고 이를 조합해 만드는 것은 이 바쁜 시대에 어울리지 않는 더딘 방법이죠. 게다가 자기가 아는 단어들을 우리말식으로 조합해 만들 경우 실제로 영어에서 쓰이지 않는 어색한 표현이 되기 쉽습니다.

그래서 주제별 표현과 에피소드들을 통으로 익히는 과정이 필요합니다. 일단 입으로 한 번이라도 해본 말들은 아무래도 더 빨리 입에 붙게 됩니다. 제가 영어를 가르칠 때도, 다양한 에피소드들을 익힌 학생들은 일상생활에 관한 사소한 내용까지도 상당히 원활하게 영어로 말할 수 있는 실력을 갖게 되었습니다.

영어 말하기를 상황이나 기능별로 분류하여 익히는 접근법은 한계가 있습니다. 실제 우리가 영어로 말할 때 회화책에 나오는 대화 상황과 100% 일치하는 경우는 거의 없습니다. 영어의 기본 틀인 문법을 익히고 다양한 패턴을 외우는 것도 어느 정도는 도움이 되겠지만, 이런 것들만으로 다양한 주제에 대한 이야깃거리를 만들어내는 것은 어렵겠죠. 그래서 스피킹의 확장에서 결정적인 한계에 부딪히게 됩니다.

이런 접근법들이 갖고 있는 한계를 극복하는 가장 빠르고 확실한 지름길이 바로 에피소드 정복입니다. 『2분 영어 말하기』에는 우리가 일상에서 경험할 수 있는 다양한 주제와 관련된 에피소드들이 등장합니다. 여기에 나오는 에피소드만 제대로 입에 붙여도 여러분의 스피킹은 지금보다 훨씬 다채롭고 풍성해질 것입니다.

눈사람 머리 완성 : 자신의 생각을 반영하여 전달할 수 있는 단계

눈사람 몸통을 아무리 잘 만들었어도 머리를 올리지 않으면 눈사람이라고 할 수 없습니다. 이건 말하기에서도 마찬가지입니다. 스피킹을 확장하다 보면 결국 자신의 생각이 반영되어야 하는 시점이 옵니다. 아무리 표현을 많이 알고 상황을 설명할 수 있다고 해도, 어떤 주제나 문제에 대해 자신의 생각을 말할 수 없다면 스피킹이 제대로 완성된 게 아닙니다.

실제로 스피킹 훈련을 하다보면, 어떤 말을 해야 할지 몰라 말을 잇지 못하는 상황이 종종 있습니다. 영어를 제대로 말하려면 표현을 익히고 에피소드를 채우는 데서 더 나아가 사고(思考)가 늘어야 합니다. 그렇지 않으면 알고 있는 어휘와 표현들을 제대로 활용할 수 없습니다. 그래서 영어를 어느 정도 할 수 있게 되면 반드시 자신의 의견을 말하는 훈련이 필요합니다. 이때 『1분 영어 말하기』에서 익힌 기본 표현을 활용하고, 자신의 의견을 뒷받침할 구체적인 예를 『2분 영어 말하기』의 다양한 에피소드에서 찾아 응용해 말하면 되는 겁니다.

직장인을 위한 스피킹 매트릭스 3단계 훈련의 효과

	영어회화	OPIc	토익 스피킹
1분 영어 말하기	초급 이상	IM 3	6등급 가능
2분 영어 말하기	중급	IH	7등급 가능
3분 영어 말하기	고급	AL	8등급 가능

『1분 영어 말하기』에서 『3분 영어 말하기』까지 3단계의 훈련 과정은 표현과 에피소드를 채우는 훈련인 INPUT과 이것을 응용해 실제로 말하는 연습을 하는 OUTPUT의 두 가지 과정으로 이뤄집니다.

INPUT ▶ 기본 표현과 에피소드 익히기 → 실제 훈련 과정 반영

스피킹 교재는 내용도 중요하지만, 무엇보다 이 내용들을 실제 입으로 익힐 수 있는 훈련 구조가 가장 중요합니다. 이 책에 나오는 훈련 구조는 모두 제가 학생들과 실제로 훈련하는 과정을 그대로 담은 것입니다. 훈련 과정 하나하나 중요한 의도와 효과를 가지고 있으므로 그대로 따라 하면 자연스럽게 표현과 에피소드가 외워지는 동시에 스피킹 실력이 향상됨을 느낄 수 있을 것입니다. 크게 소리 내어 훈련하기 어렵다면 머릿속으로라도 따라 하고 훈련하세요. 스피킹 실력이 확실하게 향상되고 있음을 깨닫게 되실 겁니다.

OUTPUT ▶ 섞어 말하기 → 강력한 반복 구조로 효과 up!

『1분 영어 말하기』에서는 표현들을 하나씩 배우고 이를 서로 연결하고 섞어 문장을 길게 만드는 훈련을 합니다. 『2분 영어 말하기』에서는 주제별로 익힌 에피소드를 이리저리 섞어서 실제 스피킹 상황처럼 훈련합니다. INPUT에서 배운 내용들을 효과적으로 반복 훈련할 수 있는 더없이 좋은 응용 훈련이 바로 MIX, 섞어 말하기입니다.

『스피킹 매트릭스』 세 권은 서로 유기적으로 연결되면서 반복 확장되는 구조입니다. 예를 들어, 『1분 영어 말하기』의 기본 표현이 계속 반복되면서 『2분 영어 말하기』(에피소드)와 『3분 영어 말하기』(에피소드 + 의견)에는 특정 상황에 필요한 어휘와 표현만 살짝 더해지는 식이죠. 기본 표현을 벗어나는 문법이나 표현은 최대한 제한했습니다. 그래야 배운 내용을 확실히 익히고 새로 추가되는 어휘와 표현도 제대로 소화할 수 있으니까요.

똑같은 표현이지만 여러 다양한 상황에서 디테일이 더해지면서 서로 유기적으로 연결되고 점진적으로 반복됩니다. 이는 단순히 암기하는 것과는 비교가 되지 않는 강력한 효과로 이어질 수 있습니다. 그래서 『3분 영어 말하기』의 OUTPUT은 1분, 2분, 3분의 총체적인 덩어리, 최종적인 종합 훈련의 장이 됩니다.

난생 처음 중단하고 싶지 않은 영어공부를 만나다!

구글 코리아 홍보총괄 전무 **정김경숙**

시중에 영어 교재, 강의, 동영상, 강사가 넘쳐난다. 그럼에도 불구하고 영어를 꾸준히 공부하기란 참 쉽지 않다. 저자와 5년째 영어공부를 함께 해오면서 가장 신기한 것은 '**중단하고 싶지 않다**'는 것이다. 항상 자극을 받으며 즐겁게 공부하고 있다. **늦은 나이에 내가 언어를 이렇게까지 열심히 공부하게 만드는 비결은 과연 무엇일까?** 평생 영어를 가르치며 정리된 실증적 스피킹 교습법과 강력한 콘텐츠, 여기에 보다 효과적인 방법을 찾아 연구하는 저자의 열정이 더해졌기 때문일 것이다.

직장인의 업무 환경을 정확하게 이해한 주제와 표현 선정!

삼성전자 디자인그룹 수석디자이너 **전상운**

훈련 방식이 간단하면서도 정말 효과적이었습니다. **직장인의 업무 환경을 정확하게 이해한 주제 선정과 표현들이 너무 좋습니다.** 실수하기 쉬운 표현, 잘못 알고 있던 부분들을 이해하기 쉽게 설명해준 강의도 큰 도움이 되었고요. **강사와 떨어져 있어도 함께 수업한다는 느낌이 듭니다.** 많은 분들이 이 훈련 프로그램을 통해 영어에 대한 좋은 추억을 만들어갔으면 합니다.

45년 동안 안 되던 영어, 드디어 해답을 찾다!

DSC인베스트먼트 전무 **하태훈**

평생 영어와는 인연이 없을 줄로만 알았다. 그런데 **영어 한마디 못하던 내가 어느새 김태윤 선생님과 영어로 30분간 대화를 나누고 있다. 45년 동안 안 되던 영어였는데 마치 기적처럼!** 단순히 문장을 외워서 말하는 게 아니라 스스로 생각해서 말한다는 것이 더 놀랍다. 오래도록 잠들어 있던 나의 영어 잠재력을 일깨워준 그의 스피킹 매트릭스를 대한민국 직장인들과 함께 할 수 있어 기쁘다. 나처럼 다른 분들도 영어의 해답을 찾길 응원한다!

일상회화를 넘어 비즈니스 영어까지 갖추고 싶다면 읽어야 할 책!

카카오 커머스본부 카카오스타일 파트 PM 조안나

한국인이 틀리기 쉬운 표현, 특히 직장에서 활용할 수 있는 영어가 모두 응집되어 있다. **짧은 문장부터 시작해 의견 말하기까지 훈련 과정을 따라 가다 보니 어느새 긴장감 없이 입에서 영어가 자연스럽게 흘러나오는 것을 체감하게 되었다.** 스스로 영어로 커뮤니케이션하는 그 성취감이란! 업무상 영어 사용빈도가 높은 직장인들은 물론, 일상회화를 뛰어넘어 비즈니스 영어까지 갖추고 싶은 분들은 이 책을 꼭 읽어보면 좋겠다. 왜 학교에서 이런 영어를 가르쳐 주지 않는 것인지…

20년 영어울렁증에서 벗어나 영어로 강의를 하게 되다!

코어시큐리티 CEO 김태일

언젠가 10살 남짓한 힉생이 외국인과 유장하게 대화하는 모습을 보면서, 특정 언어를 유창하게 말하기 위해서는 문법이나 단어와는 다른 마법 같은 뭔가가 더 필요한 것이 아닐까 생각했던 적이 있습니다. **20년이 넘는 시간 동안 영어를 접해왔으면서도 외국인만 보면 심한 두려움을 느꼈죠. 그랬던 제가 불과 1년 만에 영어로 강의를 하러 가게 되었습니다.** 울렁증을 유발하던 영어가 무엇과도 바꿀 수 없는 재미와 즐거움을 주고 있습니다. 이 책이 과거의 저처럼 영어 때문에 고통 받는 분들께 영어 스피킹의 즐거움을 가져다줄 것을 확신합니다.

영어 스피킹의 본질을 정확히 꿰뚫고 있는 훈련법!

구글 코리아 정책팀 정책자문 변호사 정재훈

스피킹 매트릭스는 한국인이 영어 말하기가 왜 안 되는지 문제의 본질을 정확히 꿰뚫고 있다. 그리고 이를 어떻게 교정해나가야 하는지 매우 과학적이고도 설득력 있는 훈련법을 제시해주고 있다. 스피킹에 필요한 표현과 에피소드를 축적하고 확장해가며 궁극에는 자신의 생각을 반영하여 전달하는 스피킹까지 도달할 수 있다. **그동안 영어 도전에 실패했던 분이라도 한번 믿고 재도전해볼 것을 강력 추천한다.**

사기와 같은 진실! 40년 영어 지진아 2개월 만에 입 트이다!

지란지교 시큐리티 CEO 윤두식

직장인이라면, 혹은 남들 앞에서 영어로 말할 때 자신이 없다면 이 책은 꼭 봐야 한다. **해외 비즈니스를 해야 하는 절박한 입장에서 영어는 나에게 절대 넘지 못할 벽과 같았다.** 김태윤 선생은 40여 년을 영어 지진아로 살아온 나에게 단 2개월 만에 말을 트이게 해준 마술사다. 이 책과 함께라면 당신의 영어 인생 2막이 시작될 것이다. 이건 사기와 같은 진실이다.

50후반에 처음 느껴본 영어 스피킹의 재미!

한국전자통신연구원 책임연구원, 공학박사 윤이중

영어를 못한다는 것이 너무 불편했습니다. 언제 어디서나 영어 시험을 보고 있는 느낌이었죠. 업무 때문에 가야 했던 국제학회와 회의는 저에게 엄청난 스트레스였습니다. 그런데 **50 후반에 저도 드디어 영어로 말하는 재미를 느껴보게 되었습니다.** 2017 Vietnam National Information Security Day에서 500명 앞에서 아주 자연스럽게 20분간 영어발표를 할 수 있었던 것은 김태윤 선생님의 새로운 훈련법 때문이었음을 확신하고 정말 감사하게 생각합니다. 그의 오랜 고민과 연구의 결과로 완성된 이 책이 영어 때문에 힘든 분들에게 희망이 될 것이라 확신합니다.

20년간 포기한 영어 말하기, 이제 비즈니스 영어도 문제없다!

비바 리퍼블리카 TOSS팀 COO 양주영

문장을 외워서 말하는 게 아니라 스스로 영어 스피킹을 하는 힘을 길러주는 차원이 다른 훈련입니다. 표현과 에피소드 채워가기, 하나씩 끊어 말하기, 문장을 섞고 연결해서 말하기 등 이렇게 꾸준히 연습하다 보면 이제 곧 영어로 말할 수 있겠다는 깊은 믿음과 자신감이 생겼습니다. **20년간 포기했던 영어 말하기, 이제는 말할 수 있습니다. 비즈니스 영어도 문제없다!**

한 번도 경험해보지 못한, 유일하게 성공한 영어 말하기 수업!

타이거팀 CEO **황석훈**

지금껏 한 번도 경험해보지 못했던 영어 수업이었습니다. 그리고 한 번도 성공해보지 못했던 영어 말하기를 성공한 유일한 수업이기도 했습니다. 불과 2개월 전만 해도 영어 한마디 못했는데 나 홀로 해외출장을 떠나 영어로 두 시간 동안 PT를 진행하고 질의응답까지 해냈습니다. 스스로에게 감동했고 선생님께 감사했습니다. 영어로 말하고 싶다면 일단 이 책의 훈련 과정을 한번 따라 해보세요. 분명히 말문이 열립니다.

회사에서 필요한 영어가 바로 이런 거죠!

구글 코리아 & 중화권 유튜브 음악파트너십 총괄 상무 **이선정**

맞아요! 회사에서 필요한 영어가 바로 이런 거죠! 비즈니스 영어 문장만 많이 외운다고 영어가 해결되는 게 아니더라고요. 회의할 때, PT를 할 때, 바이어를 만나는 자리에서, 내 생각을 제대로 전달할 줄 아는 영어 스피킹이 되어야만 진정한 영어 커뮤니케이션이 가능한 거니까요. 이 책을 통해 스피킹의 원리를 이해했고 스스로 말하는 자신감을 얻게 되었습니다. 따라하면서 영어 발음이 자연스럽게 좋아지는 건 덤입니다.

내가 과연 영어가 될까? 물음표를 느낌표로 바꾸다!

스타트업계 최고의 PR 렌딧 홍보총괄이사 꼬날 **이미나**

'내가 과연 영어 말하기가 될까?'라는 물음표(?)를 '나도 할 수 있다!'는 느낌표(!)로 바꿔준 이 희한한 경험을 많은 분들과 공유할 수 있어서 기쁩니다. 김태윤 선생님과 스피킹 매트릭스를 통해 영어 벙어리가 입을 열었습니다. 과거 부족했던 영어 실력이 부끄럽지 않은 것은 현재의 달라진 저의 모습 때문이겠죠. '내가 할 수 있을까?' 망설이지 말고 도전하세요. 이 책과 함께라면 여러분은 해낼 수 있습니다.

채워라! 아는 만큼 말할 수 있다!

1분 영어 말하기 INPUT

1분 동안 영어로 말하는 데 필요한 핵심 표현들이 총망라되어 있습니다. 총 30일 과정으로, 표현 익히기와 표현 말하기로 구성되어 있습니다. mp3를 들으면서 반복해서 연습해 주세요.

표현 익히기

STEP 1 일단 듣기 🎧
MP3를 들으면서 표현에 눈도장을 콩 찍어줍니다.

STEP 2 우리말 뜻 확인 👁
어떤 표현인지 의미를 이해하고 넘어갑니다.

STEP 3 듣고 따라 하기 🗣
표현이 머릿속에 쏙쏙 들어오게 세 번 반복해 줍니다.

STEP 4 영어로 말해보기 💬
우리말을 보면서 영어로 바꿔 말해 봅니다.

STEP 1 일단 듣기	STEP 2 우리말 뜻 확인
01 I'm with Google.	Google에 다닌다.
02 I work at Google.	Google에서 일한다.
03 I joined the company last year.	작년에 입사했다.
04 I'm in charge of marketing.	마케팅 담당이다.
05 I'm in charge of the project.	그 프로젝트를 맡고 있다.
06 the person in charge	담당자
07 I'm in finance.	재무팀에 있다.
08 I'm in marketing.	마케팅팀에 있다.
09 I'm in human resources.	인사과에 있다.
10 I'm a sales representative.	영업사원이다.

표현 말하기

STEP 1 우리말 보면서 듣기 🎧
MP3를 들으며 표현들을 한 번 더 정리합니다.

STEP 2 1초 안에 말해보기 💬
우리말을 보며 표현을 큰 소리로 말해 봅니다.

STEP 1 우리말 보면서 듣기	STEP 2 1초 안에 말해보기		STEP 1 우리말 보면서 듣기	STEP 2 1초 안에 말해보기
01 Google에서 일한다.		16 AD Best의 CEO이고 경영자이다.	
02 개발자다.		17 회사에 직원이 100명 있다.	
03 이 회사에서 근무한 지 약 5년 됐다.		18 재무팀에 있다.	
04 이 분야에서 경력이 8년 넘었다.		19 영업사원이다.	
05 마케터이다.		20 마케팅팀에 있다.	
06 인사과에 있다.		21 이 분야에서 경력 8년째다.	

혼자 공부하기 외로운 분들을 위한
스피킹 전문 강사의 해설 강의

경력 20년의 전문 영어 강사가 스피킹 훈련 시 유의해야 할 사항들을 하나하나 짚어줍니다.

말하라! 이제 당신은 네이티브처럼 말하게 된다!

1분 영어 말하기 OUTPUT

INPUT에서 익힌 표현들을 서로 연결하고 응용하여 1분 동안 영어로 말하는 훈련을 합니다. 처음에는 한 문장씩 말하는 연습을 하다가 적응이 되면 연결해서 말해 봅니다.

1분 말하기

STEP 1 우리말 보면서 듣기 ∩

처음에는 부담 없이 우리말을 보면서 해당하는 영어 표현을 듣습니다.

STEP 2 한 문장씩 말하기 ∽

이번엔 한 문장씩 말해 봅니다. MP3를 들으면서 따라 하다가 익숙해지면 STEP 1의 우리말을 보면서 바로 영어로 말해 보세요.

STEP 3 들으면서 따라 말하기 ∽

MP3를 들으면서 따라 말해 봅니다. 빈칸을 채워 가면서 내가 말한 내용을 확인합니다.

STEP 4 1분 동안 영어로 말하기 ∽

우리말을 보면서 영어로 바꿔 말해 봅니다. 직접 써 보면 더 오래 기억에 남습니다.

콕 찍기만 해도, 그냥 듣기만 해도 자동으로 외워지는
무료 MP3 파일과 QR코드

이 책에 나오는 모든 예문들은 MP3파일과 QR코드를 통해 확인할 수 있습니다.

차례 : Contents

직장인을 위한
1분 영어 말하기
OUTPUT

SPEAKING MATRIX
직장인을 위한
1분 영어 말하기

우리는 영어를 잘하고 싶어 합니다. 네이티브처럼 막힘 없이 길고 유창하게 말이죠. 회의에서 내 의견을 조리 있게 말하고, 바이어와 업무 얘기는 물론 사석에서 재치 있는 농담도 주고받고, 청중을 사로잡는 PT를 하는 나의 프로페셔널한 모습은 정말 상상만 해도 멋집니다. 하지만 현실은… 입도 떼기 어렵죠?

걱정 마세요. 이 책의 제목이 바로 『1분 영어 말하기』입니다. "고작 1분?"이라고요? 1분이면 하고 싶은 말을 일목요연하게 정리해 말할 수 있는 꽤 긴 시간입니다. 막상 말해보라고 하면 영어로 1분 이상 말할 수 있는 사람은 얼마 되지 않습니다.

이 책에 우리가 회사생활을 하면서, 비즈니스를 하면서 가장 많이 말하게 되는 영어 표현들을 뽑아 외울 때까지 연습시키고 표현들을 섞어 다양하게 말해보는 훈련법을 제시했습니다. 단순해 보이지만 스피킹에서 가장 효과 만점인 훈련법이지요. 이렇게 하면, 하고 싶은 말을 아주 길 ~고 유창하게 할 수 있게 된답니다.

그래서 1개월 후면 지금 아는 쉬운 문장으로 1분 동안 하고 싶은 말을 영어로 할 수 있습니다.

이 책은 진지합니다.

어쩌면 조금 힘들지도 모릅니다.

하지만 확실한 실력 향상을 약속합니다.

영어를 할 때 꼭 말하게 되는 표현들을

머릿속에 확실히 탑재시켜주고

문장을 섞어서 자유자재로 요리하게 하며

앞뒤로 붙여 길게 말할 수 있는

놀라운 능력을 갖게 해줍니다.

그래서 여러분은 단 3개월이면,

지금 아는 쉬운 표현들을 가지고

1분, 2분, 3분 동안 네이티브처럼

하고 싶은 말을 마음껏 할 수 있게 됩니다.

평소 기초가 약하다고 생각하시는 분들, 매번 작심삼일로 끝나는 분들도 절대 부작용 없이 사용하실 수 있습니다.

직 장 인 을 위 한
1 분 영 어 말 하 기

INPUT

채워라!

아는 만큼 말할 수 있다!

여기에는 우리가 회사생활이나 업무와 관련해 1분 동안 영어로 말하기 위해 반드시 알아야 할 모든 핵심 표현들이 정리되어 있습니다. 직장인들의 업무환경에 맞춰 가장 기본이 되는 표현들을 모았기에 '에이, 이 정도는 나도 알아~'라고 생각할 수도 있습니다. 하지만 필요한 상황에서 0.1초 안에 입에서 나오지 않는다면 그건 아직 여러분의 것이 아닙니다. 그리고 여기 나오는 표현들은 우리의 직장생활과 비즈니스 영어는 물론 스피킹 시험에서도 반복해서 말하게 되는 빈출 표현들이니 단 하나도 놓치면 안 됩니다. 딱 30일만 이 책에 있는 대로 훈련해 보세요. 여러분을 프로 직장인으로 만들어줄 탄탄한 스피킹 내공이 빈틈없이 채워질 것입니다.

1분 영어 말하기 표현

회사 · 소속 · 경력

훈련한 날짜 　　　　．

소요시간 　　　　분

표현 익히기 : 보고 듣고 따라 하면서 표현을 내 것으로 만드세요.

🎧 In 01-1

	STEP 1 일단 듣기 🎧	STEP 2 우리말 뜻 확인 👁
01	I'm with Google.	Google에 다닌다.
02	I work at Google.	Google에서 일한다.
03	I joined the company last year.	작년에 입사했다.
04	I'm in charge of marketing.	마케팅 담당이다.
05	I'm in charge of the project.	그 프로젝트를 맡고 있다.
06	the person in charge	담당자
07	I'm in finance.	재무팀에 있다.
08	I'm in marketing.	마케팅팀에 있다.
09	I'm in human resources.	인사과에 있다.
10	I'm a sales representative.	영업사원이다.
11	I'm a marketer.	마케터이다.
12	I'm a PR manager.	PR 책임자(홍보 과장 또는 홍보 부장)이다.
13	I'm the CEO of AD Best.	AD Best의 CEO(최고 경영자)이다.
14	I'm a developer.	개발자다.
15	He's my boss.	그 남자가 내 상사다.
16	The company has 100 employees.	회사에 직원이 100명 있다.
17	I have worked at this company for about 5 years.	이 회사에서 근무한 지 약 5년 됐다.
18	I've been working at AB Tech for more than 5 years.	AB Tech에서 근무한 지 5년이 넘었다.
19	I have 8 years' experience in this field.	이 분야에서 경력 8년차다.
20	I have more than 8 years of experience in this field.	이 분야에서 경력이 8년 넘었다.

어느 회사에 다니고, 어느 부서에 근무하며, 근무 연수가 얼마나 됐는지 등의 얘기는 마치 우리의 신원을 보증이라도 해주는 듯 처음 만난 사람과의 대화에서 곧잘 묻고 답하게 되는 내용입니다. 그러니 기본적으로 꼭 알아둬야겠죠? 1초 내에 해당 표현이 나올 수 있도록 연습, 또 연습하세요.

강의 및 훈련 MP3

제한시간 | 1분(문장당 3초 내외)

STEP 3 들고 따라하기 🎧	STEP 4 영어로 말해보기 😄
👆 ✋ 🖐	🔊 Google에 다닌다.
👆 ✋ 🖐	🔊 Google에서 일한다.
👆 ✋ 🖐	🔊 작년에 입사했다.
👆 ✋ 🖐	🔊 마케팅 담당이다.
👆 ✋ 🖐	🔊 그 프로젝트를 맡고 있다.
👆 ✋ 🖐	🔊 담당자
👆 ✋ 🖐	🔊 재무팀에 있다.
👆 ✋ 🖐	🔊 마케팅팀에 있다.
👆 ✋ 🖐	🔊 인사과에 있다.
👆 ✋ 🖐	🔊 영업사원이다.
👆 ✋ 🖐	🔊 마케터이다.
👆 ✋ 🖐	🔊 PR 책임자(홍보 과장 또는 홍보 부장)이다.
👆 ✋ 🖐	🔊 AD Best의 CEO(최고 경영자)이다.
👆 ✋ 🖐	🔊 개발자다.
👆 ✋ 🖐	🔊 그 남자가 내 상사다.
👆 ✋ 🖐	🔊 회사에 직원이 100명 있다.
👆 ✋ 🖐	🔊 이 회사에서 근무한 지 약 5년 됐다.
👆 ✋ 🖐	🔊 AB Tech에서 근무한 지 5년이 넘었다.
👆 ✋ 🖐	🔊 이 분야에서 경력 8년차다.
👆 ✋ 🖐	🔊 이 분야에서 경력이 8년 넘었다.

STEP 1 우리말 보면서 듣기 🎧	STEP 2 1초 안에 말해보기 😋	막힐때는 써보세요.

01	Google에서 일한다.	🔊
02	개발자다.	🔊
03	이 회사에서 근무한 지 약 5년 됐다.	🔊
04	이 분야에서 경력이 8년 넘었다.	🔊
05	마케터이다.	🔊
06	인사과에 있다.	🔊
07	AB Tech에서 근무한 지 5년이 넘었다.	🔊
08	담당자	🔊
09	그 프로젝트를 맡고 있다.	🔊
10	그 남자가 내 상사다.	🔊
11	Google에 다닌다.	🔊
12	작년에 입사했다.	🔊
13	마케팅 담당이다.	🔊
14	PR 책임자(홍보 과장 또는 홍보 부장)이다.	🔊
15	이 분야에서 경력 8년차다.	🔊

	STEP 1 우리말 보면서 듣기 🎧		STEP 2 1초 안에 말해보기 👄	막힐때는 써보세요.

16	AD Best의 CEO(최고 경영자)이다.	🔊
17	회사에 직원이 100명 있다.	🔊
18	재무팀에 있다.	🔊
19	영업사원이다.	🔊
20	마케팅팀에 있다.	🔊
21	이 분야에서 경력 8년차다.	🔊
22	이 회사에서 근무한 지 약 5년 됐다.	🔊
23	인사과에 있다.	🔊
24	Google에서 일한다.	🔊
25	작년에 입사했다.	🔊
26	그 남자가 내 상사다.	🔊
27	회사에 직원이 100명 있다.	🔊
28	담당자	🔊
29	PR 책임자(홍보 과장 또는 홍보 부장)이다.	🔊
30	영업사원이다.	🔊

DAY **02**
INPUT

1분 영어 말하기 표현
출퇴근

훈련한 날짜 . .
소요시간 분

표현 익히기 : 보고 듣고 따라 하면서 표현을 내 것으로 만드세요.

🎧 In 02-1

	STEP 1 일단 듣기 🎧	STEP 2 우리말 뜻 확인 👁
01	leave for work	출근하다, 출근하러 집을 나서다
02	go to work	출근하다, 직장에 가다
03	drive to work	운전해 출근하다
04	take the bus to work	버스 타고 출근하다
05	take the subway to work	지하철 타고 출근하다
06	commute by bus	버스로 출퇴근하다
07	commute by subway	지하철로 출퇴근하다
08	My commute takes about 30 minutes.	출퇴근에 30분 정도 걸린다.
09	get to the office	출근하다, 사무실에 도착하다
10	be at the office by 9	9시까지는 출근하다
11	have to be at the office by 9	9시까지는 사무실에 가야 하다
12	I was late for work.	지각했다.
13	get off work	퇴근하다
14	leave the office	퇴근하다
15	I'm off at six.	난 6시에 퇴근한다.
16	I work flexible hours.	난 출퇴근 시간이 자유롭다.
17	work late / stay at work late	늦게까지 근무하다 / 늦게까지 회사에 있다
18	work overtime	초과 근무하다
19	work nights	야근하다
20	get home late	늦게 귀가하다

여러분은 언제 출근하세요? 출퇴근 교통수단은 주로 무엇을 이용하고요? 아직도 늦은 시간까지 퇴근도 못하고 있는 분들도 계시죠? 오늘은 이런 나의 출퇴근에 대한 이야기를 할 때 필요한 기본 중의 기본 표현을 익혀봅니다. 1초 내에 이 정도 표현은 바로 나올 수 있도록 연습, 또 연습하세요.

강의 및 훈련 MP3

제한시간 | 1분(문장당 3초 내외)

STEP 3 듣고 따라 하기 🎧	STEP 4 영어로 말해보기 👄
👆 ✌️ 🖖	🔊 출근하다. 출근하러 집을 나서다
👆 ✌️ 🖖	🔊 출근하다. 직장에 가다
👆 ✌️ 🖖	🔊 운전해 출근하다
👆 ✌️ 🖖	🔊 버스 타고 출근하다
👆 ✌️ 🖖	🔊 지하철 타고 출근하다
👆 ✌️ 🖖	🔊 버스로 출퇴근하다
👆 ✌️ 🖖	🔊 지하철로 출퇴근하다
👆 ✌️ 🖖	🔊 출퇴근에 30분 정도 걸린다.
👆 ✌️ 🖖	🔊 출근하다. 사무실에 도착하다
👆 ✌️ 🖖	🔊 9시까지는 출근하다
👆 ✌️ 🖖	🔊 9시까지는 사무실에 가야 하다
👆 ✌️ 🖖	🔊 지각했다.
👆 ✌️ 🖖	🔊 퇴근하다
👆 ✌️ 🖖	🔊 퇴근하다
👆 ✌️ 🖖	🔊 난 6시에 퇴근한다.
👆 ✌️ 🖖	🔊 난 출퇴근 시간이 자유롭다.
👆 ✌️ 🖖	🔊 늦게까지 근무하다 / 늦게까지 회사에 있다
👆 ✌️ 🖖	🔊 초과 근무하다
👆 ✌️ 🖖	🔊 야근하다
👆 ✌️ 🖖	🔊 늦게 귀가하다

표현 말하기 : 1초 안에 입에서 나올 때까지 반복 연습하세요.

STEP 1 우리말 보면서 듣기 🎧	STEP 2 1초 안에 말해보기 😀 막힐 때는 써보세요.
01 지하철 타고 출근하다	🔊
02 출퇴근에 30분 정도 걸린다.	🔊
03 9시까지는 사무실에 가야 하다	🔊
04 지각했다.	🔊
05 초과 근무하다	🔊
06 퇴근하다 (l로 시작)	🔊
07 늦게 귀가하다	🔊
08 출근하다, 출근하러 집을 나서다	🔊
09 버스 타고 출근하다	🔊
10 난 6시에 퇴근한다.	🔊
11 출근하다, 직장에 가다	🔊
12 운전해 출근하다	🔊
13 9시까지는 출근하다	🔊
14 늦게까지 근무하다 / 늦게까지 회사에 있다	🔊
15 버스로 출퇴근하다	🔊

16	출근하다, 사무실에 도착하다	🔊	
17	퇴근하다 (g로 시작)	🔊	
18	지하철로 출퇴근하다	🔊	
19	야근하다	🔊	
20	난 출퇴근 시간이 자유롭다.	🔊	
21	출근하다, 직장에 가다	🔊	
22	버스 타고 출근하다	🔊	
23	지각했다.	🔊	
24	출근하다, 사무실에 도착하다	🔊	
25	퇴근하다 (l로 시작)	🔊	
26	난 6시에 퇴근한다.	🔊	
27	운전해 출근하다	🔊	
28	지하철로 출퇴근하다	🔊	
29	난 출퇴근 시간이 자유롭다.	🔊	
30	초과 근무하다	🔊	

DAY
03
INPUT

1분 영어 말하기 표현
휴가 · 출장 · 외근

훈련한 날짜 　　　．　　．
소요시간 　　　　분

표현 익히기 : 보고 듣고 따라 하면서 표현을 내 것으로 만드세요.

🎧 In 03-1

STEP 1 일단 듣기 🎧	STEP 2 우리말 뜻 확인 👁
01	take a day off	하루 쉬다
02	take two days off	이틀 쉬다
03	take a half day off	반차 쓰다
04	He took a day off without notice.	그 남자는 무단결근을 했다.
05	He's on duty today.	그 남자는 오늘 근무하는 날이다.
06	He's off duty today.	그 남자는 오늘 근무하는 날이 아니다.
07	get sick leave	병가를 내다
08	He's on sick leave.	그 남자는 병가 중이다.
09	take my monthly leave	월차를 쓰다
10	take my annual leave	연차를 쓰다
11	leave early	조퇴하다
12	go on a vacation	휴가를 가다
13	be on a vacation	휴가 중이다
14	be off from Monday to Friday	월요일부터 금요일까지 쉬다
15	go on a business trip	출장을 가다
16	go on a business trip to China	중국으로 출장을 가다
17	be on a business trip	출장 중이다
18	He's at his desk.	그 남자는 자리에 있다.
19	He's away from his desk.	그 남자는 자리에 없다.
20	He's out of the office.	그 남자는 외근 중이다.

직장생활의 낭만은 뭐니뭐니해도 휴가 아니겠습니까? 열심히 일하는 중간에 이런저런 사정으로 알뜰하게 챙겨 쓰는 휴가! 고달픈 직장생활에서 잠시나마 꿀맛을 볼 수 있는 소중한 시간이죠. 그래서 모아봤습니다. 휴가 관련 표현들! 여기에 직장생활에서 빼놓을 수 없는 출장과 외근에 관한 표현도 곁들여보죠.

강의 및 훈련 MP3

제한시간 | 1분(문장당 3초 내외)

STEP 3 듣고 따라 하기 🎧	STEP 4 영어로 말해보기 👄
👆 ✌️ 🖐️	🔊 하루 쉬다
👆 ✌️ 🖐️	🔊 이틀 쉬다
👆 ✌️ 🖐️	🔊 반차 쓰다
👆 ✌️ 🖐️	🔊 그 남자는 무단결근을 했다.
👆 ✌️ 🖐️	🔊 그 남자는 오늘 근무하는 날이다.
👆 ✌️ 🖐️	🔊 그 남자는 오늘 근무하는 날이 아니다.
👆 ✌️ 🖐️	🔊 병가를 내다
👆 ✌️ 🖐️	🔊 그 남자는 병가 중이다.
👆 ✌️ 🖐️	🔊 월차를 쓰다
👆 ✌️ 🖐️	🔊 연차를 쓰다
👆 ✌️ 🖐️	🔊 조퇴하다
👆 ✌️ 🖐️	🔊 휴가를 가다
👆 ✌️ 🖐️	🔊 휴가 중이다
👆 ✌️ 🖐️	🔊 월요일부터 금요일까지 쉬다
👆 ✌️ 🖐️	🔊 출장을 가다
👆 ✌️ 🖐️	🔊 중국으로 출장을 가다
👆 ✌️ 🖐️	🔊 출장 중이다
👆 ✌️ 🖐️	🔊 그 남자는 자리에 있다.
👆 ✌️ 🖐️	🔊 그 남자는 자리에 없다.
👆 ✌️ 🖐️	🔊 그 남자는 외근 중이다.

STEP 1　우리말 보면서 듣기 🎧 〉	STEP 2　1초 안에 말해보기 👄　막힐 때는 써보세요.
01　조퇴하다	🔊
02　반차 쓰다	🔊
03　월차를 쓰다	🔊
04　휴가를 가다	🔊
05　출장을 가다	🔊
06　그 남자는 자리에 없다.	🔊
07　그 남자는 오늘 근무하는 날이 아니다.	🔊
08　이틀 쉬다	🔊
09　그 남자는 무단결근을 했다.	🔊
10　그 남자는 오늘 근무하는 날이다.	🔊
11　그 남자는 자리에 있다.	🔊
12　병가를 내다	🔊
13　하루 쉬다	🔊
14　그 남자는 병가 중이다.	🔊
15　월요일부터 금요일까지 쉬다	🔊

16	중국으로 출장을 가다	🔊
17	그 남자는 외근 중이다.	🔊
18	휴가 중이다	🔊
19	출장 중이다	🔊
20	연차를 쓰다	🔊
21	그 남자는 오늘 근무하는 날이 아니다.	🔊
22	그 남자는 무단결근을 했다.	🔊
23	그 남자는 자리에 있다.	🔊
24	중국으로 출장을 가다	🔊
25	휴가 중이다	🔊
26	월차를 쓰다	🔊
27	연차를 쓰다	🔊
28	반차 쓰다	🔊
29	이틀 쉬다	🔊
30	병가를 내다	🔊

채용 · 입사

훈련한 날짜　　　．　．
소요시간　　　　　분

표현 익히기 : 보고 듣고 따라 하면서 표현을 내 것으로 만드세요.

🎧 In 04-1

	STEP 1 일단 듣기 🎧	STEP 2 우리말 뜻 확인 👁
01	There is a job opening.	T/O가 나다.
02	hire a new accountant	새 회계사를 채용하다
03	receive applications	지원서를 받다
04	review their resumes	이력서를 심사하다
05	have an interview	면접을 하다
06	at an interview	면접에서
07	interview the candidate/applicant	후보자/지원자 면접을 보다
08	I was interviewed.	면접을 봤다.
09	two interviewers	두 명의 면접관
10	three interviewees	세 명의 면접 대상자
11	He's qualified for the position.	그 남자는 그 자리에 자격이 된다.
12	offer the position	자리를 제의하다, 합격 통보를 하다
13	join the firm	회사에 합류하다, 입사하다
14	receive company training	회사 연수를 받다
15	be placed in a position / take over a new position	자리에 배치되다 / 새 자리를 맡다
16	the probationary period is three months	수습 기간은 3개월이다
17	a contract worker	계약직
18	a full-time worker	상근직, 정규직
19	a part-time worker	비상근직, 비정규직
20	an intern	인턴

'무엇을 해먹고 살 것인가?'는 항상 인류의 고민사전 제 1쪽을 차지하는 질문입니다. 21세기를 살고 있는 여러분은 지금 '무엇을 해먹고 살고 있습니까?' 또는 '무엇을 해먹고 살려고 준비하고 있습니까?' 신입사원을 뽑는 위치에 있는 직장인 및 취업 전선에 있는 취준생을 위한 맞춤형 표현, 채용과 입사에 대한 표현입니다.

강의 및 훈련 MP3

제한시간 | 1분(문장당 3초 내외)

STEP 3 듣고 따라 하기 ❓ 〉 **STEP 4** 영어로 말해보기 😮

🔊	T/O가 나다.
🔊	새 회계사를 채용하다
🔊	지원서를 받다
🔊	이력서를 심사하다
🔊	면접을 하다
🔊	면접에서
🔊	후보자/지원자 면접을 보다
🔊	면접을 봤다.
🔊	두 명의 면접관
🔊	세 명의 면접 대상자
🔊	그 남자는 그 자리에 자격이 된다.
🔊	자리를 제의하다, 합격 통보를 하다
🔊	회사에 합류하다, 입사하다
🔊	회사 연수를 받다
🔊	자리에 배치되다 / 새 자리를 맡다
🔊	수습 기간은 3개월이다
🔊	계약직
🔊	상근직, 정규직
🔊	비상근직, 비정규직
🔊	인턴

표현 말하기 : 1초 안에 입에서 나올 때까지 반복 연습하세요.

STEP 1 우리말 보면서 듣기 🎧	〉	STEP 2 1초 안에 말해보기 😊 막힐 때는 써보세요.
01 비상근직, 비정규직		🔊
02 지원서를 받다		🔊
03 인턴		🔊
04 면접에서		🔊
05 후보자/지원자 면접을 보다		🔊
06 그 남자는 그 자리에 자격이 된다.		🔊
07 세 명의 면접 대상자		🔊
08 새 회계사를 채용하다		🔊
09 T/O가 나다.		🔊
10 상근직, 정규직		🔊
11 면접을 봤다.		🔊
12 두 명의 면접관		🔊
13 회사에 합류하다, 입사하다		🔊
14 수습 기간은 3개월이다		🔊
15 자리에 배치되다 / 새 자리를 맡다		🔊

	STEP 1 우리말 보면서 듣기 🎧	〉	STEP 2 1초 안에 말해보기 👄 막힐 때는 써보세요.
16	면접을 하다	🔊	
17	자리를 제의하다, 합격 통보를 하다	🔊	
18	계약직	🔊	
19	회사 연수를 받다	🔊	
20	이력서를 심사하다	🔊	
21	새 회계사를 채용하다	🔊	
22	지원서를 받다	🔊	
23	이력시를 심사하다	🔊	
24	후보자/지원자 면접을 보다	🔊	
25	그 남자는 그 자리에 자격이 된다.	🔊	
26	자리를 제의하다, 합격 통보를 하다	🔊	
27	회사에 합류하다, 입사하다	🔊	
28	T/O가 나다.	🔊	
29	자리에 배치되다 / 새 자리를 맡다	🔊	
30	회사 연수를 받다	🔊	

DAY
05
INPUT

1분 영어 말하기 표현
승진 · 전근 · 퇴사

훈련한 날짜 　．　　．
소요시간 　　　　분

표현 익히기 : 보고 듣고 따라 하면서 표현을 내 것으로 만드세요.

🎧 **In** 05-1

STEP 1 일단 듣기 🎧		**STEP 2** 우리말 뜻 확인 👁
01	get promoted	승진하다
02	get a promotion	승진하다
03	get promoted to manager	과장으로 승진하다
04	pass over for a promotion	승진 명단에서 빠지다
05	depart the team	팀을 떠나다
06	leave the team	팀을 떠나다
07	change teams / change positions	팀을 바꾸다 / 자리를 바꾸다
08	change to another team	다른 팀으로 바꾸다
09	move to the finance department	재무 부서로 옮기다
10	transfer to another department	다른 부서로 전근가다
11	be transferred to another department	다른 부서로 전근 보내지다
12	put in for a transfer	전근을 신청하다
13	I am waiting to hear about the transfer.	전근/이동 소식을 기다리고 있다.
14	leave the company	회사를 떠나다, 퇴사하다
15	quit one's job	회사를 그만두다
16	fire him	그 남자를 해고하다[자르다]
17	He was fired.	그 남자는 해고되었다[잘렸다].
18	get a severance package	퇴직금을 받다
19	Today is my last day at work.	오늘이 근무 마지막 날이다.
20	personnel reshuffle	인사이동 (전면적인 재편)

여간 해선 한 회사에서 오랫동안 근무하기 힘든 시대입니다. 또 한 회사를 오래 다닌다고 하더라도 한 부서에서 계속 머물 수도 없죠. 그 가운데 작은 낙이라면 승진에 대한 희망, 기대 정도일까요? 직장인이라면 누구나 한 번은, 또는 자주 하게 되는 승진, 전근, 퇴사에 관한 기본 표현입니다.

강의 및 훈련 MP3

제한시간 | 1분(문장당 3초 내외)

STEP 3 듣고 따라 하기 🔊	STEP 4 영어로 말해보기 😄
👇 ✋ ✋	🔊 승진하다
👇 ✋ ✋	🔊 승진하다
👇 ✋ ✋	🔊 과장으로 승진하다
👇 ✋ ✋	🔊 승진 명단에서 빠지다
👇 ✋ ✋	🔊 팀을 떠나다
👇 ✋ ✋	🔊 팀을 떠나다
👇 ✋ ✋	🔊 팀을 바꾸다 / 자리를 바꾸다
👇 ✋ ✋	🔊 다른 팀으로 바꾸다
👇 ✋ ✋	🔊 재무 부서로 옮기다
👇 ✋ ✋	🔊 다른 부서로 전근가다
👇 ✋ ✋	🔊 다른 부서로 전근 보내지다
👇 ✋ ✋	🔊 전근을 신청하다
👇 ✋ ✋	🔊 전근/이동 소식을 기다리고 있다.
👇 ✋ ✋	🔊 회사를 떠나다, 퇴사하다
👇 ✋ ✋	🔊 회사를 그만두다
👇 ✋ ✋	🔊 그 남자를 해고하다[자르다]
👇 ✋ ✋	🔊 그 남자는 해고되었다[잘렸다].
👇 ✋ ✋	🔊 퇴직금을 받다
👇 ✋ ✋	🔊 오늘이 근무 마지막 날이다.
👇 ✋ ✋	🔊 인사이동 (전면적인 재편)

표현 말하기 : 1초 안에 입에서 나올 때까지 반복 연습하세요.

	STEP 1 우리말 보면서 듣기 🎧 〉 STEP 2 1초 안에 말해보기 😛 막힐 때는 써보세요.
01	오늘이 근무 마지막 날이다. 🔊
02	팀을 바꾸다 / 자리를 바꾸다 🔊
03	다른 부서로 전근가다 🔊
04	그 남자는 해고되었대[잘렸다] 🔊
05	팀을 떠나다 (l로 시작) 🔊
06	승진하다 (명사 활용) 🔊
07	그 남자를 해고하다[자르다] 🔊
08	과장으로 승진하다 🔊
09	인사이동 (전면적인 재편) 🔊
10	승진 명단에서 빠지다 🔊
11	팀을 떠나다 (d로 시작) 🔊
12	재무 부서로 옮기다 🔊
13	전근을 신청하다 🔊
14	회사를 그만두다 🔊
15	전근/이동 소식을 기다리고 있다. 🔊

44

STEP 1 우리말 보면서 듣기 🎧 〉 **STEP 2** 1초 안에 말해보기 👄 *막힐 때는 써보세요.*

16	회사를 떠나다, 퇴사하다	🔊
17	승진하다 (과거분사 활용)	🔊
18	다른 부서로 전근 보내지다	🔊
19	퇴직금을 받다	🔊
20	다른 팀으로 바꾸다	🔊
21	다른 부서로 전근가다	🔊
22	전근을 신청하다	🔊
23	재무 부서로 옮기다	🔊
24	승진하다 (과거분사 활용)	🔊
25	퇴직금을 받다	🔊
26	그 남자는 해고되었다[잘렸다]	🔊
27	회사를 그만두다	🔊
28	팀을 떠나다 (l로 시작)	🔊
29	회사를 떠나다, 퇴사하다	🔊
30	오늘이 근무 마지막 날이다.	🔊

1분 영어 말하기 표현

목표 설정

훈련한 날짜 　 . 　 .
소요시간 　　　 분

표현 익히기 : 보고 듣고 따라 하면서 표현을 내 것으로 만드세요.

🎧 In 06-1

STEP 1 일단 듣기 🎧	STEP 2 우리말 뜻 확인 👁
01	set a goal	목표를 정하다
02	set a goal for next year	내년 목표를 정하다
03	achieve a goal / reach a goal	목표를 달성하다
04	We'll succeed in achieving the goal.	우리는 목표 달성에 성공할 것이다.
05	We're successful.	우리는 성공했다.
06	It's successful.	그것은 성공적이었다.
07	I successfully developed it.	성공적으로 개발했다.
08	We failed.	우린 실패했다.
09	The project failed.	그 프로젝트는 실패였다.
10	I failed to develop it.	개발하지 못했다.
11	Our goal is to cut costs.	우리 목표는 비용을 줄이는 것이다.
12	to increase our market share	시장 점유율을 확대하는 것
13	to release a new product	신제품을 출시하는 것
14	to increase our sales by 20%	매출을 20% 증가시키는 것
15	to stay ahead of our rivals	경쟁사에 우위를 유지하는 것
16	to stay competitive	경쟁력을 유지하는 것
17	to make more people aware of our product	더 많은 사람들에게 우리 제품을 알리는 것
18	to promote our product	제품을 판촉하는 것
19	to become a leader in the industry	업계 1위가 되는 것
20	to maintain our leading position	선두 자리를 고수하는 것

직장생활에서 빠질 수 없는 화두는 매출 목표와 달성일 것입니다. 이를 위해 매년, 또는 분기별, 월별로 목표를 설정하죠. 어느 회사나 본질적인 목적은 돈을 버는 것이니까요. 그것도 많～이! 우리는 이 자리에서 돈은 못 벌어도 돈을 벌기 위한 목표 설정, 그리고 달성에 관련된 기본 표현들을 많～이 익혀보도록 합시다.

강의 및 훈련 MP3

제한시간 | 1분(문장당 3초 내외)

STEP 3 듣고 따라 하기 🎧	STEP 4 영어로 말해보기 👄
👆 ✌ ✋	🔊 목표를 정하다
👆 ✌ ✋	🔊 내년 목표를 정하다
👆 ✌ ✋	🔊 목표를 달성하다
👆 ✌ ✋	🔊 우리는 목표 달성에 성공할 것이다.
👆 ✌ ✋	🔊 우리는 성공했다.
👆 ✌ ✋	🔊 그것은 성공적이었다.
👆 ✌ ✋	🔊 성공적으로 개발했다.
👆 ✌ ✋	🔊 우린 실패했다.
👆 ✌ ✋	🔊 그 프로젝트는 실패였다.
👆 ✌ ✋	🔊 개발하지 못했다.
👆 ✌ ✋	🔊 우리 목표는 비용을 줄이는 것이다.
👆 ✌ ✋	🔊 시장 점유율을 확대하는 것
👆 ✌ ✋	🔊 신제품을 출시하는 것
👆 ✌ ✋	🔊 매출을 20% 증가시키는 것
👆 ✌ ✋	🔊 경쟁사에 우위를 유지하는 것
👆 ✌ ✋	🔊 경쟁력을 유지하는 것
👆 ✌ ✋	🔊 더 많은 사람들에게 우리 제품을 알리는 것
👆 ✌ ✋	🔊 제품을 판촉하는 것
👆 ✌ ✋	🔊 업계 1위가 되는 것
👆 ✌ ✋	🔊 선두 자리를 고수하는 것

STEP 1　우리말 보면서 듣기 🎧	STEP 2　1초 안에 말해보기 😊　막힐 때는 써보세요.
01　선두 자리를 고수하는 것	🔊
02　우리는 성공했다.	🔊
03　목표를 정하다	🔊
04　경쟁력을 유지하는 것	🔊
05　우리는 목표 달성에 성공할 것이다.	🔊
06　신제품을 출시하는 것	🔊
07　내년 목표를 정하다	🔊
08　업계 1위가 되는 것	🔊
09　그것은 성공적이었다.	🔊
10　경쟁사에 우위를 유지하는 것	🔊
11　제품을 판촉하는 것	🔊
12　성공적으로 개발했다.	🔊
13　우린 실패했다.	🔊
14　더 많은 사람들에게 우리 제품을 알리는 것	🔊
15　그 프로젝트는 실패였다.	🔊

STEP 1 우리말 보면서 듣기 🎧 〉 **STEP 2** 1초 안에 말해보기 👄 막힐 때는 써보세요.

16	시장 점유율을 확대하는 것	🔊
17	개발하지 못했다.	🔊
18	매출을 20% 증가시키는 것	🔊
19	우리 목표는 비용을 줄이는 것이다.	🔊
20	목표를 달성하다	🔊
21	선두 자리를 고수하는 것	🔊
22	업계 1위가 되는 것	🔊
23	내년 목표를 정하나	🔊
24	경쟁사에 우위를 유지하는 것	🔊
25	우리는 목표 달성에 성공할 것이다.	🔊
26	성공적으로 개발했다.	🔊
27	개발하지 못했다.	🔊
28	경쟁력을 유지하는 것	🔊
29	더 많은 사람들에게 우리 제품을 알리는 것	🔊
30	그 프로젝트는 실패였다.	🔊

문제 및 해결

훈련한 날짜 . .
소요시간 분

표현 익히기 : 보고 듣고 따라 하면서 표현을 내 것으로 만드세요.

🎧 In 07-1

	STEP 1 일단 듣기 🎧	STEP 2 우리말 뜻 확인 👁
01	It caused the problem.	그로 인해 문제가 생겼다.
02	the cause of the problem	그 문제의 원인
03	the root cause of the problem	그 문제의 근원
04	because we lack time	시간이 부족해서
05	because we lack experience	경험이 부족해서
06	because we lack knowledge	지식이 부족해서
07	because we lack skills	실력이 부족해서
08	because we lack resources	자원이 부족해서
09	It will be hard to finish it on time.	제시간에 끝내기란 어려울 것이다.
10	It's difficult to meet their needs.	그들의 욕구에 부응하기란 어려운 일이다.
11	It's complicated to satisfy both parties.	양측을 만족시키기란 복잡한 문제이다.
12	identify the error	에러를 파악하다
13	identify problems	문제를 파악하다
14	look for information	정보를 찾다
15	search for information	정보를 찾아 뒤지다
16	seek a solution/way	해결책/방법을 구하다[찾다]
17	seek the right person	적임자를 구하다[찾다]
18	come up with an idea	아이디어를 생각해내다
19	come up with a solution	해결책을 생각해내다
20	decide on how to deal with it	어떻게 처리해야 할지 결정하다

사람 사는 세상에 문제가 빠지면 문제 있죠. 그러니 특정 목적을 위해 돌아가는 회사 내에서도 문제는 늘 발생하기 마련입니다. 문제는 문제가 아니라 살아가는 데 당연히 동반되는 필수 아이템이잖아요. 문제가 발생했을 땐 원인을 찾고 해결해가는 것이 중요하죠. 그럴 때 기본적으로 꼭 알고 있어야 할 표현들입니다.

강의 및 훈련 MP3

제한시간 | 1분(문장당 3초 내외)

STEP 3 듣고 따라 하기 ❔	›	STEP 4 영어로 말해보기 ☺
👆 ✌ 🖖		🔊 그로 인해 문제가 생겼다.
👆 ✌ 🖖		🔊 그 문제의 원인
👆 ✌ 🖖		🔊 그 문제의 근원
👆 ✌ 🖖		🔊 시간이 부족해서
👆 ✌ 🖖		🔊 경험이 부족해서
👆 ✌ 🖖		🔊 지식이 부족해서
👆 ✌ 🖖		🔊 실력이 부족해서
👆 ✌ 🖖		🔊 자워이 부족해서
👆 ✌ 🖖		🔊 제시간에 끝내기란 어려울 것이다.
👆 ✌ 🖖		🔊 그들의 욕구에 부응하기란 어려운 일이다.
👆 ✌ 🖖		🔊 양측을 만족시키기란 복잡한 문제이다.
👆 ✌ 🖖		🔊 에러를 파악하다
👆 ✌ 🖖		🔊 문제를 파악하다
👆 ✌ 🖖		🔊 정보를 찾다
👆 ✌ 🖖		🔊 정보를 찾아 뒤지다
👆 ✌ 🖖		🔊 해결책/방법을 구하다[찾다]
👆 ✌ 🖖		🔊 적임자를 구하다[찾다]
👆 ✌ 🖖		🔊 아이디어를 생각해내다
👆 ✌ 🖖		🔊 해결책을 생각해내다
👆 ✌ 🖖		🔊 어떻게 처리해야 할지 결정하다

표현 말하기 : 1초 안에 입에서 나올 때까지 반복 연습하세요.

STEP 1 우리말 보면서 듣기 🎧	STEP 2 1초 안에 말해보기 😊 막힐 때는 써보세요.
01 정보를 찾다	🔊
02 그 문제의 원인	🔊
03 자원이 부족해서	🔊
04 양측을 만족시키기란 복잡한 문제이다.	🔊
05 해결책/방법을 구하다[찾다]	🔊
06 실력이 부족해서	🔊
07 에러를 파악하다	🔊
08 지식이 부족해서	🔊
09 아이디어를 생각해내다	🔊
10 그들의 욕구에 부응하기란 어려운 일이다.	🔊
11 문제를 파악하다	🔊
12 그로 인해 문제가 생겼다.	🔊
13 정보를 찾아 뒤지다	🔊
14 경험이 부족해서	🔊
15 해결책을 생각해내다	🔊

16	어떻게 처리해야 할지 결정하다	🔊
17	시간이 부족해서	🔊
18	제시간에 끝내기란 어려울 것이다.	🔊
19	적임자를 구하다[찾다]	🔊
20	그 문제의 근원	🔊
21	어떻게 처리해야 할지 결정하다	🔊
22	에러를 파악하다	🔊
23	정보를 찾다	🔊
24	정보를 찾아 뒤지다	🔊
25	해결책/방법을 구하다[찾다]	🔊
26	경험이 부족해서	🔊
27	아이디어를 생각해내다	🔊
28	해결책을 생각해내다	🔊
29	그들의 욕구에 부응하기란 어려운 일이다.	🔊
30	양측을 만족시키기란 복잡한 문제이다.	🔊

일정

표현 익히기 : 보고 듣고 따라 하면서 표현을 내 것으로 만드세요.

🎧 In 08-1

	STEP 1 일단 듣기 🎧	STEP 2 우리말 뜻 확인 👁
01	set up a time	날짜를 잡다
02	set up a place	장소를 정하다
03	make an appointment	(만날) 일정을 잡다
04	arrange a meeting	회의를 잡다
05	book a meeting room	회의실을 잡아놓다
06	postpone the meeting until next Monday	회의를 다음주 월요일로 미루다
07	cancel the meeting	회의를 취소하다
08	reschedule the meeting	회의 시간을 다시 잡다[변경하다]
09	move the meeting up an hour	회의를 한 시간 앞당기다
10	move the meeting back an hour	회의를 한 시간 미루다
11	the training starts from 3 p.m.	교육은 오후 3시에 시작한다
12	the training ends at 4 p.m.	교육은 오후 4시에 끝난다
13	the discussion will last for an hour	논의는 1시간 동안 계속될 것이다
14	the negotiations lasted for more than two hours	그 협상은 두 시간 넘게 걸렸다
15	the meeting was over	회의는 끝났다
16	the meeting was over late	회의는 늦게 끝났다
17	the meeting was over early	회의는 일찍 끝났다
18	the presentation ran over	발표는 시간을 넘겨 끝났다
19	the talk went well	회의는 잘 진행되었다, 얘기가 잘됐다
20	the seminar didn't go well	세미나는 잘 진행되지 못했다

고객 및 거래처와의 약속, 회의, 세미나, 교육 등의 일정을 잡고 참여하고 수행하는 것은 직장인이라면 대부분 접하게 되는 일일 것입니다. 이와 관련된 표현들을 모아봤습니다. 비즈니스 세계에선 빈번하게 접하게 되는 상황인 만큼 토익 시험에도 빠지지 않고 등장하는 표현들이니 절대 놓치지 마세요!

강의 및 훈련 MP3

제한시간 | 1분(문장당 3초 내외)

STEP 3 듣고 따라 하기	STEP 4 영어로 말해보기
👆 ✌ 🖐	🔊 날짜를 잡다
👆 ✌ 🖐	🔊 장소를 정하다
👆 ✌ 🖐	🔊 (만날) 일정을 잡다
👆 ✌ 🖐	🔊 회의를 잡다
👆 ✌ 🖐	🔊 회의실을 잡아놓다
👆 ✌ 🖐	🔊 회의를 다음주 월요일로 미루다
👆 ✌ 🖐	🔊 회의를 취소하다
👆 ✌ 🖐	🔊 회의 시간을 다시 잡다[변경하다]
👆 ✌ 🖐	🔊 회의를 한 시간 앞당기다
👆 ✌ 🖐	🔊 회의를 한 시간 미루다
👆 ✌ 🖐	🔊 교육은 오후 3시에 시작한다
👆 ✌ 🖐	🔊 교육은 오후 4시에 끝난다
👆 ✌ 🖐	🔊 논의는 1시간 동안 계속될 것이다
👆 ✌ 🖐	🔊 그 협상은 두 시간 넘게 걸렸다
👆 ✌ 🖐	🔊 회의는 끝났다
👆 ✌ 🖐	🔊 회의는 늦게 끝났다
👆 ✌ 🖐	🔊 회의는 일찍 끝났다
👆 ✌ 🖐	🔊 발표는 시간을 넘겨 끝났다
👆 ✌ 🖐	🔊 회의는 잘 진행되었다. 얘기가 잘됐다
👆 ✌ 🖐	🔊 세미나는 잘 진행되지 못했다

표현 말하기 : 1초 안에 입에서 나올 때까지 반복 연습하세요.

STEP 1 우리말 보면서 듣기 🎧	STEP 2 1초 안에 말해보기 😊 막힐 때는 써보세요.
01 회의를 잡다	🔊
02 회의 시간을 다시 잡다[변경하다]	🔊
03 회의를 한 시간 앞당기다	🔊
04 논의는 1시간 동안 계속될 것이다	🔊
05 회의는 일찍 끝났다	🔊
06 회의는 잘 진행되었다, 얘기가 잘됐다	🔊
07 교육은 오후 3시에 시작한다	🔊
08 (만날) 일정을 잡다	🔊
09 날짜를 잡다	🔊
10 회의를 한 시간 미루다	🔊
11 그 협상은 두 시간 넘게 걸렸다	🔊
12 회의는 늦게 끝났다	🔊
13 장소를 정하다	🔊
14 회의실을 잡아놓다	🔊
15 회의는 끝났다	🔊

| STEP 1 | 우리말 보면서 듣기 🎧 | 〉 | STEP 2 | 1초 안에 말해보기 😮 | 막힐 때는 써보세요. |

16	세미나는 잘 진행되지 못했다	🔊
17	회의를 다음주 월요일로 미루다	🔊
18	교육은 오후 4시에 끝난다	🔊
19	발표는 시간을 넘겨 끝났다	🔊
20	회의를 취소하다	🔊
21	(만날) 일정을 잡다	🔊
22	장소를 정하다	🔊
23	회의 시간을 다시 잡대[변경하다]	🔊
24	회의를 한 시간 미루다	🔊
25	회의를 다음주 월요일로 미루다	🔊
26	논의는 1시간 동안 계속될 것이다	🔊
27	회의는 잘 진행되었다, 얘기가 잘됐다	🔊
28	회의는 늦게 끝났다	🔊
29	세미나는 잘 진행되지 못했다	🔊
30	교육은 오후 4시에 끝난다	🔊

57

1분 영어 말하기 표현

적극적인 업무 수행

훈련한 날짜 . . .
소요시간 분

표현 익히기 : 보고 듣고 따라 하면서 표현을 내 것으로 만드세요.

🎧 In 09-1

	STEP 1 일단 듣기 🎧	〉	STEP 2 우리말 뜻 확인 👁 〉
01	I'm getting ready for the event.		행사를 준비하고 있다/준비할 것이다.
02	I'm ready for the event.		행사를 치를 준비가 되어 있다.
03	I'm getting materials ready for the event.		행사 자료를 준비시키고 있다/준비시킬 것이다.
04	I'm preparing for the event.		행사를 준비하고 있다.
05	I'm preparing materials for the event.		행사 자료를 준비하고 있다.
06	try to do it / try hard to do it		그것을 하려고 하다 / 그것을 하려고 애쓰다
07	try hard to get it done quickly		빨리 끝내도록 애쓰다
08	concentrate harder at work		업무[회사 일]에 더 집중하다
09	make an effort / make efforts		노력하다
10	do my best		최선을 다하다
11	I'm doing everything I can.		할 수 있는 모든 것을 다 하다.
12	struggle with it		아둥바둥대며 그 일을 하다
13	put more effort into ~		~에 더 많은 노력을 기울이다
14	spend a lot of time doing it		그것을 하는 데 시간을 많이 들이다
15	don't have enough time to work on it		그 일을 하는 데 주어진 시간이 충분치 않다
16	We will redouble our efforts.		우리 일에 박차를 가하다. (노력을 두 배 이상으로 하다)
17	I'm willing to work abroad.		해외에서 일할 용의가 있다.
18	I'm willing to take charge of the project.		그 프로젝트를 맡을 용의가 있다.
19	participate in the project		그 프로젝트에 참여하다
20	join the project		그 프로젝트에 합류하다

오늘도 자신의 업무에 고군분투하고 있을 여러분! 요즘은 어떤 행사나 프로젝트를 준비하고 있나요? 열심히 애쓰고들 계시죠? 열심히는 하는데 절대적으로 시간이 부족하지는 않나요? 이렇게 업무 수행 상황이나 고충을 드러내려면 알고 있어야 할 기본 표현들이 바로 여기 있습니다!

강의 및 훈련 MP3

제한시간 | 1분(문장당 3초 내외)

STEP 3 듣고 따라 하기 ②	STEP 4 영어로 말해보기 ⊜
	행사를 준비하고 있다/준비할 것이다.
	행사를 치를 준비가 되어 있다.
	행사 자료를 준비시키고 있다/준비시킬 것이다.
	행사를 준비하고 있다.
	행사 자료를 준비하고 있다.
	그것을 하려고 하다 / 그것을 하려고 애쓰다
	빨리 끝내도록 애쓰다
	업무[회사 일]에 더 집중하다
	노력하다
	최선을 다하다
	할 수 있는 모든 것을 다 하다.
	아둥바둥대며 그 일을 하다
	~에 더 많은 노력을 기울이다
	그것을 하는데 시간을 많이 들이다
	그 일을 하는 데 주어진 시간이 충분치 않다
	우리 일에 박차를 가하다. (노력을 두 배 이상으로 하다)
	해외에서 일할 용의가 있다.
	그 프로젝트를 맡을 용의가 있다.
	그 프로젝트에 참여하다
	그 프로젝트에 합류하다

59

표현 말하기 : 1초 안에 입에서 나올 때까지 반복 연습하세요.

| STEP 1 우리말 보면서 듣기 🎧 | 〉 | STEP 2 1초 안에 말해보기 😀 | 막힐 때는 써보세요. |

01	해외에서 일할 용의가 있다.	🔊
02	그 프로젝트에 참여하다	🔊
03	행사를 준비하고 있다.	🔊
04	행사 자료를 준비시키고 있다/준비시킬 것이다.	🔊
05	그 일을 하는 데 주어진 시간이 충분치 않다	🔊
06	우리 일에 박차를 가하다. (노력을 두 배 이상으로 하다)	🔊
07	~에 더 많은 노력을 기울이다	🔊
08	행사 자료를 준비하고 있다.	🔊
09	빨리 끝내도록 애쓰다	🔊
10	최선을 다하다	🔊
11	행사를 준비하고 있다/준비할 것이다.	🔊
12	업무[회사 일]에 더 집중하다	🔊
13	노력하다	🔊
14	할 수 있는 모든 것을 다 하다.	🔊
15	그것을 하려고 하다 / 그것을 하려고 애쓰다	🔊

STEP 1 우리말 보면서 듣기 🎧 〉 **STEP 2** 1초 안에 말해보기 😄 막힐 때는 써보세요.

16	그것을 하는 데 시간을 많이 들이다	🔊
17	아둥바둥대며 그 일을 하다	🔊
18	그 프로젝트를 맡을 용의가 있다.	🔊
19	그 프로젝트에 합류하다	🔊
20	행사를 치를 준비가 되어 있다.	🔊
21	해외에서 일할 용의가 있다.	🔊
22	그 프로젝트에 합류하다	🔊
23	~에 더 많은 노력을 기울이다	🔊
24	행사 자료를 준비시키고 있다/준비시킬 것이다.	🔊
25	할 수 있는 모든 것을 다 하다.	🔊
26	아둥바둥대며 그 일을 하다	🔊
27	그 일을 하는 데 주어진 시간이 충분치 않다	🔊
28	빨리 끝내도록 애쓰다	🔊
29	최선을 다하다	🔊
30	노력하다	🔊

61

표현 익히기 : 보고 듣고 따라 하면서 표현을 내 것으로 만드세요.

🎧 In 10-1

	STEP 1 일단 듣기 🎧	STEP 2 우리말 뜻 확인 👁
01	have a meeting	회의가 있다
02	have a conference call	전화 회의를 하다
03	have a video conference	화상 회의를 하다
04	The meeting is scheduled for 2 p.m.	회의가 오후 2시에 잡혔다.
05	at the meeting	그 회의에서
06	attend a meeting	회의에 참석하다
07	be at the meeting	그 회의에 참석하다[임하다]
08	discuss the topic	그 주제를 논의하다
09	the agenda of the meeting	그 회의의 안건
10	the purpose of the meeting	그 회의의 목적
11	items to discuss	논의할 내용들
12	have many items to discuss	논의할 내용이 많다
13	five people attended the meeting	다섯 명이 그 회의에 참석했다
14	five people were at the meeting	다섯 명이 그 회의에 임했다
15	five people joined the meeting	다섯 명이 그 회의에 함께했다
16	take notes	받아 적다
17	make notes	메모하다
18	get it down on paper	기록하다
19	have it in writing	문서로 남기다
20	write the minutes of the meeting	회의록을 작성하다

'회의에 회의가 들 정도'로 직장인들의 세계에는 회의가 많아도 너무 많습니다. 회의 스트레스에 시달리는 여러분, 영어 스트레스에까지 시달리진 마세요. 여기 토익 및 각종 시험에도 빈출하는 필수 회의 표현들을 모아두었습니다. 단계별로 차근차근 연습하다 보면 1초 내에 해당 표현이 나오는 기쁨을 맛볼 수 있을 거예요.

강의 및 훈련 MP3

STEP 3 듣고 따라 하기 ⑦ 〉	STEP 4 영어로 말해보기 😀
👇 ✌️ 🤟	◀) 회의가 있다
👇 ✌️ 🤟	◀) 전화 회의를 하다
👇 ✌️ 🤟	◀) 화상 회의를 하다
👇 ✌️ 🤟	◀) 회의가 오후 2시에 잡혔다.
👇 ✌️ 🤟	◀) 그 회의에서
👇 ✌️ 🤟	◀) 회의에 참석하다
👇 ✌️ 🤟	◀) 그 회의에 참석하다[임하다]
👇 ✌️ 🤟	◀) 그 주제를 논의하다
👇 ✌️ 🤟	◀) 그 회의의 안건
👇 ✌️ 🤟	◀) 그 회의의 목적
👇 ✌️ 🤟	◀) 논의할 내용들
👇 ✌️ 🤟	◀) 논의할 내용이 많다
👇 ✌️ 🤟	◀) 다섯 명이 그 회의에 참석했다
👇 ✌️ 🤟	◀) 다섯 명이 그 회의에 임했다
👇 ✌️ 🤟	◀) 다섯 명이 그 회의에 함께했다
👇 ✌️ 🤟	◀) 받아 적다
👇 ✌️ 🤟	◀) 메모하다
👇 ✌️ 🤟	◀) 기록하다
👇 ✌️ 🤟	◀) 문서로 남기다
👇 ✌️ 🤟	◀) 회의록을 작성하다

표현 말하기 : 1초 안에 입에서 나올 때까지 반복 연습하세요.

STEP 1 우리말 보면서 듣기 🎧	STEP 2 1초 안에 말해보기 😊 막힐 때는 써보세요.
01 전화 회의를 하다	🔊
02 다섯 명이 그 회의에 임했다	🔊
03 그 회의에서	🔊
04 논의할 내용들	🔊
05 그 회의의 목적	🔊
06 기록하다	🔊
07 화상 회의를 하다	🔊
08 회의에 참석하다	🔊
09 받아 적다	🔊
10 회의가 오후 2시에 잡혔다.	🔊
11 그 회의에 참석하다[임하다]	🔊
12 다섯 명이 그 회의에 참석했다	🔊
13 그 회의의 안건	🔊
14 논의할 내용이 많다	🔊
15 그 주제를 논의하다	🔊

16	회의록을 작성하다	🔊
17	문서로 남기다	🔊
18	다섯 명이 그 회의에 함께했다	🔊
19	회의가 있다	🔊
20	메모하다	🔊
21	회의에 참석하다	🔊
22	기록하다	🔊
23	전화 회이를 하다	🔊
24	그 회의에서	🔊
25	회의록을 작성하다	🔊
26	논의할 내용이 많다	🔊
27	회의가 오후 2시에 잡혔다.	🔊
28	그 회의의 안건	🔊
29	그 주제를 논의하다	🔊
30	다섯 명이 그 회의에 함께했다	🔊

DAY
11
INPUT

1분 영어 말하기 표현

질문·요청

훈련한 날짜   .   .
소요시간   분

표현 익히기 : 보고 듣고 따라 하면서 표현을 내 것으로 만드세요.

🎧 In 11-1

	STEP 1 일단 듣기 🎧	STEP 2 우리말 뜻 확인 👁
01	have a question	질문이 있다
02	ask a question	질문을 하다
03	answer the question	그 질문에 답하다
04	have a Q&A session	질의응답 시간을 갖다
05	ask him why it happened	왜 그런 일이 일어났는지 그 남자에게 물어보다
06	ask him what happened	무슨 일이 있었는지 그 남자에게 물어보다
07	ask him when it happened	언제 그런 일이 일어났는지 그 남자에게 물어보다
08	ask him where it happened	어디에서 그런 일이 일어났는지 그 남자에게 물어보다
09	ask him who did it	누가 그런 일을 했는지 그 남자에게 물어보다
10	ask him how it happened	어떻게 그런 일이 일어났는지 그 남자에게 물어보다
11	ask him if he can help me	나를 도와줄 수 있는지 그 남자에게 물어보다
12	ask him for help	그 남자에게 도움을 요청하다
13	ask for help	도움을 요청하다
14	ask for more information	추가 정보를 요청하다
15	ask for advice	조언을 구하다[청하다]
16	ask my manager for some advice	우리 과장[부장]에게 조언을 청하다
17	ask him to do it	그 남자에게 그 일을 하라고 (요청)하다
18	request extra funds	추가 자금을 요청하다
19	request a vacation	휴가를 요청하다
20	request a reimbursement	경비 처리를 요청하다

회의, 세미나, 교육을 할 때 꼭 빠지지 않는 것이 질의응답 시간입니다. 업무를 처리하는 과정에서도 질문을 해야 할 경우가 있고, 도움이나 정보, 조언 등을 요청해야 하는 경우도 많죠. 하루 생활의 반 이상을 직장에서 보내는 여러분에게 꼭 필요한 질문과 요청 관련 알짜 표현, 지금부터 살펴보겠습니다.

강의 및 훈련 MP3

제한시간 | 1분(문장당 3초 내외)

STEP 3 듣고 따라 하기 🎧 〉	STEP 4 영어로 말해보기 😀
👇 ✌️ 🖐️	🔊 질문이 있다
👇 ✌️ 🖐️	🔊 질문을 하다
👇 ✌️ 🖐️	🔊 그 질문에 답하다
👇 ✌️ 🖐️	🔊 질의응답 시간을 갖다
👇 ✌️ 🖐️	🔊 왜 그런 일이 일어났는지 그 남자에게 물어보다
👇 ✌️ 🖐️	🔊 무슨 일이 있었는지 그 남자에게 물어보다
👇 ✌️ 🖐️	🔊 언제 그런 일이 일어났는지 그 남자에게 물어보다
👇 ✌️ 🖐️	🔊 어디에서 그런 일이 일어났는지 그 남자에게 물어보다
👇 ✌️ 🖐️	🔊 누가 그런 일을 했는지 그 남자에게 물어보다
👇 ✌️ 🖐️	🔊 어떻게 그런 일이 일어났는지 그 남자에게 물어보다
👇 ✌️ 🖐️	🔊 나를 도와줄 수 있는지 그 남자에게 물어보다
👇 ✌️ 🖐️	🔊 그 남자에게 도움을 요청하다
👇 ✌️ 🖐️	🔊 도움을 요청하다
👇 ✌️ 🖐️	🔊 추가 정보를 요청하다
👇 ✌️ 🖐️	🔊 조언을 구하다[청하다]
👇 ✌️ 🖐️	🔊 우리 과장[부장]에게 조언을 청하다
👇 ✌️ 🖐️	🔊 그 남자에게 그 일을 하라고 (요청)하다
👇 ✌️ 🖐️	🔊 추가 자금을 요청하다
👇 ✌️ 🖐️	🔊 휴가를 요청하다
👇 ✌️ 🖐️	🔊 경비 처리를 요청하다

표현 말하기 : 1초 안에 입에서 나올 때까지 반복 연습하세요.

| | **STEP 1** 우리말 보면서 듣기 🎧 | ⟩ | **STEP 2** 1초 안에 말해보기 😃 | 막힐 때는 써보세요. |

01	질문이 있다	🔊
02	무슨 일이 있었는지 그 남자에게 물어보다	🔊
03	조언을 구하다[청하다]	🔊
04	휴가를 요청하다	🔊
05	그 질문에 답하다	🔊
06	언제 그런 일이 일어났는지 그 남자에게 물어보다	🔊
07	우리 과장[부장]에게 조언을 청하다	🔊
08	경비 처리를 요청하다	🔊
09	어디에서 그런 일이 일어났는지 그 남자에게 물어보다	🔊
10	추가 정보를 요청하다	🔊
11	그 남자에게 그 일을 하라고 (요청)하다	🔊
12	왜 그런 일이 일어났는지 그 남자에게 물어보다	🔊
13	그 남자에게 도움을 요청하다	🔊
14	질의응답 시간을 갖다	🔊
15	누가 그런 일을 했는지 그 남자에게 물어보다	🔊

STEP 1 우리말 보면서 듣기 🎧 〉 **STEP 2** 1초 안에 말해보기 😃 막힐 때는 써보세요.

16	도움을 요청하다	🔊
17	질문을 하다	🔊
18	어떻게 그런 일이 일어났는지 그 남자에게 물어보다	🔊
19	추가 자금을 요청하다	🔊
20	나를 도와줄 수 있는지 그 남자에게 물어보다	🔊
21	추가 정보를 요청하다	🔊
22	휴가를 요청하다	🔊
23	경비 처리를 요청하다	🔊
24	우리 과장[부장]에게 조언을 청하다	🔊
25	질문이 있다	🔊
26	그 질문에 답하다	🔊
27	그 남자에게 그 일을 하라고 (요청)하다	🔊
28	어떻게 그런 일이 일어났는지 그 남자에게 물어보다	🔊
29	질의응답 시간을 갖다	🔊
30	도움을 요청하다	🔊

표현 익히기 : 보고 듣고 따라 하면서 표현을 내 것으로 만드세요.

In 12-1

	STEP 1 일단 듣기	STEP 2 우리말 뜻 확인
01	They discussed marketing strategies.	그들은 마케팅 전략을 논의했다.
02	from the perspective of our clients	우리 고객 관점에서 보면
03	in terms of time	시간적인 면으로 봤을 때
04	in terms of price	가격 면으로 봤을 때
05	in terms of quality	질적인 면으로 봤을 때
06	in terms of efficiency	효율성 면으로 봤을 때
07	in terms of effectiveness	효과 면으로 봤을 때
08	in terms of competitiveness	경쟁력 면으로 봤을 때
09	in terms of profitability	수익성 면으로 봤을 때
10	in terms of feasibility	실행 가능성 면으로 봤을 때
11	I insist on the plan.	그 안을 주장하는 바이다
12	I insist that we do it now.	우리는 지금 그것을 해야 한다고 주장하는 바이다.
13	I agree with her opinion.	그 여자의 의견에 동의하다.
14	I agree with him.	그 사람 말에 동의하다.
15	I object to the opinion.	그 의견에 반대하다.
16	have a different idea	다른 생각을 갖고 있다
17	have an opposing idea / oppose my idea	반대되는 생각을 갖고 있다 / 내 생각에 반대하다
18	I argued with him.	그 사람과 언쟁했다.
19	have an argument	언쟁하다
20	I'm indifferent on this one.	이것에 대해 중립적인 입장이다.

직장에서 하는 회의는 아무리 그럴 듯한 말을 갖다 붙여 본들 목적은 본질적으로 딱 하나입니다. 어떻게 하면 최소의 비용으로 최대의 이윤을 추구할 수 있는가? 때문에 제품을 생산해내는 데 드는 시간, 가격, 질, 효율성 등등을 안 따질 수가 없죠. 이런 것들을 논의할 때 필요한 기본 표현입니다.

강의 및 훈련 MP3

제한시간 | 1분(문장당 3초 내외)

STEP 3 듣고 따라 하기	STEP 4 영어로 말해보기
👆 ✌ 🖖	🔊 그들은 마케팅 전략을 논의했다.
👆 ✌ 🖖	🔊 우리 고객 관점에서 보면
👆 ✌ 🖖	🔊 시간적인 면으로 봤을 때
👆 ✌ 🖖	🔊 가격 면으로 봤을 때
👆 ✌ 🖖	🔊 질적인 면으로 봤을 때
👆 ✌ 🖖	🔊 효율성 면으로 봤을 때
👆 ✌ 🖖	🔊 효과 면으로 봤을 때
👆 ✌ 🖖	🔊 경쟁력 면으로 봤을 때
👆 ✌ 🖖	🔊 수익성 면으로 봤을 때
👆 ✌ 🖖	🔊 실행 가능성 면으로 봤을 때
👆 ✌ 🖖	🔊 그 안을 주장하는 바이다
👆 ✌ 🖖	🔊 우리는 지금 그것을 해야 한다고 주장하는 바이다.
👆 ✌ 🖖	🔊 그 여자의 의견에 동의하다.
👆 ✌ 🖖	🔊 그 사람 말에 동의하다.
👆 ✌ 🖖	🔊 그 의견에 반대하다.
👆 ✌ 🖖	🔊 다른 생각을 갖고 있다
👆 ✌ 🖖	🔊 반대되는 생각을 갖고 있다 / 내 생각에 반대하다
👆 ✌ 🖖	🔊 그 사람과 언쟁했다.
👆 ✌ 🖖	🔊 언쟁하다
👆 ✌ 🖖	🔊 이것에 대해 중립적인 입장이다.

표현 말하기 : 1초 안에 입에서 나올 때까지 반복 연습하세요.

STEP 1 우리말 보면서 듣기 🎧 〉	STEP 2 1초 안에 말해보기 😃	막힐 때는 써보세요.
01	실행 가능성 면으로 봤을 때	🔊
02	언쟁하다	🔊
03	수익성 면으로 봤을 때	🔊
04	그 안을 주장하는 바이다	🔊
05	경쟁력 면으로 봤을 때	🔊
06	그 여자의 의견에 동의하다.	🔊
07	시간적인 면으로 봤을 때	🔊
08	이것에 대해 중립적인 입장이다.	🔊
09	효과 면으로 봤을 때	🔊
10	그 의견에 반대하다.	🔊
11	효율성 면으로 봤을 때	🔊
12	그 사람과 언쟁했다.	🔊
13	질적인 면으로 봤을 때	🔊
14	다른 생각을 갖고 있다	🔊
15	우리는 지금 그것을 해야 한다고 주장하는 바이다.	🔊

16	가격 면으로 봤을 때	🔊
17	그 사람 말에 동의하다.	🔊
18	우리 고객 관점에서 보면	🔊
19	반대되는 생각을 갖고 있다 / 내 생각에 반대하다	🔊
20	그들은 마케팅 전략을 논의했다.	🔊
21	시간적인 면으로 봤을 때	🔊
22	우리는 지금 그것을 해야 한다고 주장하는 바이다.	🔊
23	그 여자의 의견에 동의하다.	🔊
24	효율성 면으로 봤을 때	🔊
25	그 안을 주장하는 바이다	🔊
26	그 의견에 반대하다.	🔊
27	언쟁하다	🔊
28	그들은 마케팅 전략을 논의했다.	🔊
29	효과 면으로 봤을 때	🔊
30	이것에 대해 중립적인 입장이다.	🔊

1분 영어 말하기 표현

결정 및 선택

표현 익히기 : 보고 듣고 따라 하면서 표현을 내 것으로 만드세요.

🎧 **In** 13-1

STEP 1 일단 듣기 🎧	STEP 2 우리말 뜻 확인 👁
01	decide on the date	날짜를 결정하다
02	decide on the place	장소를 결정하다
03	I decided to join the team.	그 팀에 합류하기로 결정했다.
04	I decided not to leave.	떠나지 않기로 결정했다.
05	make a decision / make decisions	결정을 하다
06	make the right decision	결정을 잘하다
07	make the wrong decision	결정을 잘못하다
08	make the final decision	최종 결정을 하다
09	the decision is temporary	그 결정은 임시적이다
10	decision-making	의사결정
11	the decision-making process	의사결정 절차
12	I haven't decided yet.	아직 결정을 못 했다.
13	It's not been decided yet.	그건 아직 결정 안 됐다.
14	choose the date	날짜를 선택하다
15	choose the place	장소를 선택하다
16	make a choice / make choices	선택을 하다
17	one of my choices	내 선택 대상 중 하나
18	have the choice	선택권이 있다
19	determine the market conditions	(결정에 앞서 확실히 하기 위해) 시장 상황을 파악하다
20	determine the reason	(결정에 앞서 확실히 하기 위해) 이유를 파악하다

인생은 선택과 결정의 연속입니다. 하물며 우리네 거대한 인생에서 큰 부분을 차지하고 있는 직장생활에선 오죽할까요? 결국 업무를 수행해가는 과정도 선택과 결정의 연속인 것이죠. 그러니 선택과 결정에 대한 표현은 당연히 필수적으로 알아둬야겠죠?

강의 및 훈련 MP3

제한시간 | 1분(문장당 3초 내외)

STEP 3 듣고 따라 하기 🎧	〉	STEP 4 영어로 말해보기 😀
👆 ✌️ 🖖		🔊 날짜를 결정하다
👆 ✌️ 🖖		🔊 장소를 결정하다
👆 ✌️ 🖖		🔊 그 팀에 합류하기로 결정했다.
👆 ✌️ 🖖		🔊 떠나지 않기로 결정했다.
👆 ✌️ 🖖		🔊 결정을 하다
👆 ✌️ 🖖		🔊 결정을 잘하다
👆 ✌️ 🖖		🔊 결정을 잘못하다
👆 ✌️ 🖖		🔊 최종 결정을 하다
👆 ✌️ 🖖		🔊 그 결정은 임시적이다
👆 ✌️ 🖖		🔊 의사결정
👆 ✌️ 🖖		🔊 의사결정 절차
👆 ✌️ 🖖		🔊 아직 결정을 못 했다.
👆 ✌️ 🖖		🔊 그건 아직 결정 안 됐다.
👆 ✌️ 🖖		🔊 날짜를 선택하다
👆 ✌️ 🖖		🔊 장소를 선택하다
👆 ✌️ 🖖		🔊 선택을 하다
👆 ✌️ 🖖		🔊 내 선택 대상 중 하나
👆 ✌️ 🖖		🔊 선택권이 있다
👆 ✌️ 🖖		🔊 (결정에 앞서 확실히 하기 위해) 시장 상황을 파악하다
👆 ✌️ 🖖		🔊 (결정에 앞서 확실히 하기 위해) 이유를 파악하다

표현 말하기 : 1초 안에 입에서 나올 때까지 반복 연습하세요.

	STEP 1 우리말 보면서 듣기 🎧	STEP 2 1초 안에 말해보기 😀 막힐 때는 써보세요.
01	그 팀에 합류하기로 결정했다.	🔊
02	결정을 잘하다	🔊
03	결정을 하다	🔊
04	그 결정은 임시적이다	🔊
05	(결정에 앞서 확실히 하기 위해) 시장 상황을 파악하다	🔊
06	의사결정 절차	🔊
07	최종 결정을 하다	🔊
08	아직 결정을 못 했다.	🔊
09	내 선택 대상 중 하나	🔊
10	(결정에 앞서 확실히 하기 위해) 이유를 파악하다	🔊
11	선택권이 있다	🔊
12	의사결정	🔊
13	결정을 잘못하다	🔊
14	그건 아직 결정 안 됐다.	🔊
15	날짜를 선택하다	🔊

16	날짜를 결정하다	🔊
17	선택을 하다	🔊
18	떠나지 않기로 결정했다.	🔊
19	장소를 선택하다	🔊
20	장소를 결정하다	🔊
21	결정을 하다	🔊
22	(결정에 앞서 확실히 하기 위해) 이유를 파악하다	🔊
23	아직 결정을 못 했다.	🔊
24	날짜를 선택하다	🔊
25	그 팀에 합류하기로 결정했다.	🔊
26	떠나지 않기로 결정했다.	🔊
27	장소를 결정하다	🔊
28	그 결정은 임시적이다	🔊
29	최종 결정을 하다	🔊
30	내 선택 대상 중 하나	🔊

1분 영어 말하기 표현

우려 및 전망

훈련한 날짜 ．　．
소요시간 　　　분

표현 익히기 : 보고 듣고 따라 하면서 표현을 내 것으로 만드세요.

🎧 In 14-1

STEP 1 일단 듣기 🎧	STEP 2 우리말 뜻 확인 👁
01	worry about it	그 일에 대해 걱정하다
02	be worried about it	그 일에 대해 걱정하다
03	be worried that it's wrong	그게 잘못된 일일까봐 걱정하다
04	be concerned about it	그 일에 대해 우려하다
05	be concerned that it's wrong	그게 잘못된 일일까 우려하다
06	how to do it	그것을 어떻게 하는지
07	what to do	뭘 해야 할지
08	what to say	뭐라고 해야 할지
09	where to stay	어디 머물지
10	when to stop	언제 중단해야 하는지
11	who to hire	누구를 채용해야 하는지
12	I'm sure this year will be better.	올해는 더 나을 것이라고 확신한다.
13	I'm optimistic this year will be better.	올해는 더 나을 것이라 낙관한다.
14	I'm cautiously optimistic this year will be better.	올해는 더 나을 것이라고 조심스럽게 낙관한다.
15	I'm positive this year will be better.	올해는 더 나을 거라는 데에 긍정적이다.
16	I'm hopeful this year will be better.	올해는 더 나을 거라 희망한다.
17	I'm not sure this year will be better.	올해는 더 나을 거라고 확신할 수 없다.
18	I'm doubtful this year will be better.	올해는 더 나을지 의심스럽다.
19	I doubt this year will be better.	올해는 더 나을지 의심스럽다.
20	I hope I can satisfy the needs of my customers.	고객들의 욕구를 충족시킬 수 있기를 바란다.

공동 목표를 가지고 업무를 해나가는 과정 중에는 항상 걱정스럽고 우려되는 사항을 짚어가기 마련입니다. 그 가운데는 앞으로의 경제나 매출에 대한 낙관적이거나 혹은 부정적인 전망도 해보기 마련이고요. 이런 경우에 활용할 수 있는 표현들에는 어떤 것이 있을까요?

강의 및 훈련 MP3

제한시간 | 1분(문장당 3초 내외)

STEP 3 듣고 따라 하기 🎧 〉	STEP 4 영어로 말해보기 👄
👆 ✌️ 🖐️	🔊 그 일에 대해 걱정하다
👆 ✌️ 🖐️	🔊 그 일에 대해 걱정하다
👆 ✌️ 🖐️	🔊 그게 잘못된 일일까봐 걱정하다
👆 ✌️ 🖐️	🔊 그 일에 대해 우려하다
👆 ✌️ 🖐️	🔊 그게 잘못된 일까 우려하다
👆 ✌️ 🖐️	🔊 그것을 어떻게 하는지
👆 ✌️ 🖐️	🔊 뭘 해야 할지
👆 ✌️ 🖐️	🔊 뭐라고 해야 할지
👆 ✌️ 🖐️	🔊 어디 머물지
👆 ✌️ 🖐️	🔊 언제 중단해야 하는지
👆 ✌️ 🖐️	🔊 누구를 채용해야 하는지
👆 ✌️ 🖐️	🔊 올해는 더 나을 것이라고 확신한다.
👆 ✌️ 🖐️	🔊 올해는 더 나을 것이라 낙관한다.
👆 ✌️ 🖐️	🔊 올해는 더 나을 것이라고 조심스럽게 낙관한다.
👆 ✌️ 🖐️	🔊 올해는 더 나을 거라는 데에 긍정적이다.
👆 ✌️ 🖐️	🔊 올해는 더 나을 거라 희망한다.
👆 ✌️ 🖐️	🔊 올해는 더 나을 거라고 확신할 수 없다.
👆 ✌️ 🖐️	🔊 올해는 더 나을지 의심스럽다.
👆 ✌️ 🖐️	🔊 올해는 더 나을지 의심스럽다.
👆 ✌️ 🖐️	🔊 고객들의 욕구를 충족시킬 수 있기를 바란다.

표현 말하기 : 1초 안에 입에서 나올 때까지 반복 연습하세요.

STEP 1 우리말 보면서 듣기 🎧	>	STEP 2 1초 안에 말해보기 😊	막힐 때는 써보세요.

01	뭘 해야 할지	🔊
02	그 일에 대해 걱정하다 (b로 시작)	🔊
03	올해는 더 나을 것이라 낙관한다.	🔊
04	그게 잘못된 일일까 우려하다	🔊
05	올해는 더 나을지 의심스럽다. (I'm으로 시작)	🔊
06	올해는 더 나을 것이라고 확신한다.	🔊
07	언제 중단해야 하는지	🔊
08	그 일에 대해 우려하다	🔊
09	올해는 더 나을 거라고 확신할 수 없다.	🔊
10	어디 머물지	🔊
11	올해는 더 나을 거라 희망한다.	🔊
12	뭐라고 해야 할지	🔊
13	그게 잘못된 일일까봐 걱정하다	🔊
14	올해는 더 나을 거라는 데에 긍정적이다.	🔊
15	누구를 채용해야 하는지	🔊

| STEP 1 | 우리말 보면서 듣기 🎧 | > | STEP 2 | 1초 안에 말해보기 😊 | 막힐 때는 써보세요. |

16	올해는 더 나을지 의심스럽다. (I로 시작)	🔊
17	고객들의 욕구를 충족시킬 수 있기를 바란다.	🔊
18	그것을 어떻게 하는지	🔊
19	그 일에 대해 걱정하다 (w로 시작)	🔊
20	올해는 더 나을 것이라고 조심스럽게 낙관한다.	🔊
21	뭘 해야 할지	🔊
22	그것을 어떻게 하는지	🔊
23	그 일에 대해 우려하다	🔊
24	그게 잘못된 일일까봐 걱정하다	🔊
25	올해는 더 나을 것이라고 확신한다.	🔊
26	올해는 더 나을 거라고 확신할 수 없다.	🔊
27	올해는 더 나을 거라는 데에 긍정적이다.	🔊
28	올해는 더 나을 지 의심스럽다. (I'm으로 시작)	🔊
29	올해는 더 나을 거라 희망한다.	🔊
30	올해는 더 나을지 의심스럽다. (I로 시작)	🔊

기대 · 관심

훈련한 날짜 . .
소요시간 분

표현 익히기 : 보고 듣고 따라 하면서 표현을 내 것으로 만드세요.

🎧 In 15-1

	STEP 1 일단 듣기 🎧	STEP 2 우리말 뜻 확인 👁
01	expect an increase in sales	매출 증가를 기대하다
02	expect success	성공을 기대하다
03	expect a lot about the project	프로젝트에 대해 상당히 기대하다
04	expect too much	너무 지나치게 기대하다
05	expect him to make it	그 남자가 해낼 것이라 기대하다
06	expect me to land the deal	내가 그 계약을 따낼 것으로 기대하다
07	expect the event to be successful	그 행사가 성공할 거라 기대하다
08	expect our sales to increase	우리 매출이 증가할 것으로 기대하다
09	don't expect to land the deal	거래가 성사될 거라고 기대하지 않는다
10	It was totally unexpected.	전혀 예상하지 못했다.
11	have expectations about him	그 남자에게 기대감을 갖고 있다
12	have high/low expectations	기대치가 높다/낮다
13	My expectations aren't very high.	내 기대치는 별로 높지 않다. (기대를 별로 안 한다.)
14	live up to his expectations	그 사람의 기대치에 부응하다
15	do our best to meet your expectations	기대에 부응하기 위해 최선을 다 하다
16	We are very interested in ~	우리는 ~에 매우 관심이 있다
17	be especially interested in ~	~에 특히 관심이 있다
18	be interested in our product	우리 제품에 관심이 있다
19	have interest in our product	우리 제품에 관심이 있다
20	show interest in our product	우리 제품에 관심을 보이다

매출 증가에 대한 기대, 프로젝트나 기획하고 있는 행사가 성공할 것이라는 기대, 팀장이라면 팀원에 대한 기대, 고객이라면 회사의 제품에 대한 기대와 관심 등등. 기대한다, 기대치가 높다 또는 낮다, 관심이 있다 등과 관련된 표현들을 내 것으로 만드는 시간입니다.

강의 및 훈련 MP3

제한시간 | 1분(문장당 3초 내외)

STEP 3 듣고 따라 하기 ⑦	STEP 4 영어로 말해보기 ☺
👆 ✌ 🖐	🔊 매출 증가를 기대하다
👆 ✌ 🖐	🔊 성공을 기대하다
👆 ✌ 🖐	🔊 프로젝트에 대해 상당히 기대하다
👆 ✌ 🖐	🔊 너무 지나치게 기대하다
👆 ✌ 🖐	🔊 그 남자가 해낼 것이라 기대하다
👆 ✌ 🖐	🔊 내가 그 계약을 따낼 것으로 기대하다
👆 ✌ 🖐	🔊 그 행사가 성공할 거라 기대하다
👆 ✌ 🖐	🔊 우리 매출이 증가할 것으로 기대하다
👆 ✌ 🖐	🔊 거래가 성사될 거라고 기대하지 않는다
👆 ✌ 🖐	🔊 전혀 예상하지 못했다.
👆 ✌ 🖐	🔊 그 남자에게 기대감을 갖고 있다
👆 ✌ 🖐	🔊 기대치가 높다/낮다
👆 ✌ 🖐	🔊 내 기대치는 별로 높지 않다. (기대를 별로 안 한다.)
👆 ✌ 🖐	🔊 그 사람의 기대치에 부응하다
👆 ✌ 🖐	🔊 기대에 부응하기 위해 최선을 다 하다
👆 ✌ 🖐	🔊 우리는 ~에 매우 관심이 있다
👆 ✌ 🖐	🔊 ~에 특히 관심이 있다
👆 ✌ 🖐	🔊 우리 제품에 관심이 있다
👆 ✌ 🖐	🔊 우리 제품에 관심이 있다
👆 ✌ 🖐	🔊 우리 제품에 관심을 보이다

표현 말하기 : 1초 안에 입에서 나올 때까지 반복 연습하세요.

	STEP 1 우리말 보면서 듣기	STEP 2 1초 안에 말해보기	막힐 때는 써보세요.
01	우리는 ~에 매우 관심이 있다		
02	기대치가 높다/낮다		
03	우리 매출이 증가할 것으로 기대하다		
04	전혀 예상하지 못했다.		
05	성공을 기대하다		
06	너무 지나치게 기대하다		
07	우리 제품에 관심이 있다 (h로 시작)		
08	그 남자가 해낼 것이라 기대하다		
09	우리 제품에 관심을 보이다		
10	거래가 성사될 거라고 기대하지 않는다		
11	그 남자에게 기대감을 갖고 있다		
12	내가 그 계약을 따낼 것으로 기대하다		
13	~에 특히 관심이 있다		
14	매출 증가를 기대하다		
15	그 사람의 기대치에 부응하다		

STEP 1	우리말 보면서 듣기 🎧	STEP 2	1초 안에 말해보기 👄	막힐 때는 써보세요.

16	그 행사가 성공할 거라 기대하다	🔊	
17	기대에 부응하기 위해 최선을 다 하다	🔊	
18	우리 제품에 관심이 있다 (b로 시작)	🔊	
19	프로젝트에 대해 상당히 기대하다	🔊	
20	내 기대치는 별로 높지 않다. (기대를 별로 안 한다.)	🔊	
21	프로젝트에 대해 상당히 기대하다	🔊	
22	그 남자에게 기대감을 갖고 있다	🔊	
23	매출 증기를 기대하다	🔊	
24	기대에 부응하기 위해 최선을 다 하다	🔊	
25	우리 제품에 관심을 보이다	🔊	
26	기대치가 높다/낮다	🔊	
27	그 남자가 해낼 것이라 기대하다	🔊	
28	~에 특히 관심이 있다	🔊	
29	너무 지나치게 기대하다	🔊	
30	그 사람의 기대치에 부응하다	🔊	

1분 영어 말하기 표현

할 일 및 실행

훈련한 날짜 . .

소요시간 분

표현 익히기 : 보고 듣고 따라 하면서 표현을 내 것으로 만드세요.

🎧 In 16-1

STEP 1 일단 듣기 🎧		STEP 2 우리말 뜻 확인 👁
01	I have some work to do.	할 일이 좀 있다.
02	I have a lot of work to do.	할 일이 많다.
03	have ten priorities	열 가지 급선무가 있다
04	set priorities	할 일의 우선순위를 정하다
05	the top priority	가장 급선무
06	make a to-do list	할 일의 목록을 작성하다
07	make a checklist	체크리스트를 만들다
08	work on the project	그 프로젝트에 대한 일을 하다
09	work on promoting our product	제품 판촉에 대한 일을 하다
10	implement the project	그 프로젝트를 실행하다
11	implement the audit	감사를 실시하다
12	implement the policy	정책을 실행하다
13	implement a strategy	전략을 실행하다
14	implement a training program	연수 프로그램을 실시하다
15	fulfill my duties	임무를 이행하다
16	fulfill the contract	계약을 이행하다
17	It's my role.	그게 내 역할이다.
18	go with the plan	그 안을 채택하다
19	proceed with the plan	그 안을 진행하다
20	It's a work in progress.	진행 중에 있다.

논의를 통한 선택과 결정, 기대와 관심만으로 일이 완수되는 건 아닙니다. 일의 완수는 실무를 통해서만 가능하죠. 할 일이 많을 땐 우선순위를 정해 처리해나가야 하고, 선택된 결정에 대해서는 실행에 옮겨야 합니다. 먼저, 할 일의 양과 우선순위, 실행한다고 할 때 쓰는 표현들부터 연습하죠.

제한시간 | 1분(문장당 3초 내외)

STEP 3 듣고 따라 하기 ⑨	STEP 4 영어로 말해보기 👄
👇 ✌️ 🖖	🔊 할 일이 좀 있다.
👇 ✌️ 🖖	🔊 할 일이 많다.
👇 ✌️ 🖖	🔊 열 가지 급선무가 있다
👇 ✌️ 🖖	🔊 할 일의 우선순위를 정하다
👇 ✌️ 🖖	🔊 가장 급선무
👇 ✌️ 🖖	🔊 할 일의 목록을 작성하다
👇 ✌️ 🖖	🔊 체크리스트를 만들다
👇 ✌️ 🖖	🔊 그 프로젝트에 대한 일을 하다
👇 ✌️ 🖖	🔊 제품 판촉에 대한 일을 하다
👇 ✌️ 🖖	🔊 그 프로젝트를 실행하다
👇 ✌️ 🖖	🔊 감사를 실시하다
👇 ✌️ 🖖	🔊 정책을 실행하다
👇 ✌️ 🖖	🔊 전략을 실행하다
👇 ✌️ 🖖	🔊 연수 프로그램을 실시하다
👇 ✌️ 🖖	🔊 임무를 이행하다
👇 ✌️ 🖖	🔊 계약을 이행하다
👇 ✌️ 🖖	🔊 그게 내 역할이다.
👇 ✌️ 🖖	🔊 그 안을 채택하다
👇 ✌️ 🖖	🔊 그 안을 진행하다
👇 ✌️ 🖖	🔊 진행 중에 있다.

표현 말하기 : 1초 안에 입에서 나올 때까지 반복 연습하세요.

	STEP 1 우리말 보면서 듣기 🎧 〉 STEP 2 1초 안에 말해보기 😮 막힐 때는 써보세요.
01	감사를 실시하다 🔊
02	할 일이 많다. 🔊
03	할 일의 목록을 작성하다 🔊
04	가장 급선무 🔊
05	제품 판촉에 대한 일을 하다 🔊
06	그게 내 역할이다. 🔊
07	진행 중에 있다. 🔊
08	정책을 실행하다 🔊
09	할 일이 좀 있다. 🔊
10	그 프로젝트에 대한 일을 하다 🔊
11	그 안을 채택하다 🔊
12	임무를 이행하다 🔊
13	그 프로젝트를 실행하다 🔊
14	계약을 이행하다 🔊
15	체크리스트를 만들다 🔊

STEP 1 우리말 보면서 듣기 🎧 〉 **STEP 2** 1초 안에 말해보기 😀 *막힐 때는 써보세요.*

16	할 일의 우선순위를 정하다	🔊
17	그 안을 진행하다	🔊
18	연수 프로그램을 실시하다	🔊
19	전략을 실행하다	🔊
20	열 가지 급선무가 있다	🔊
21	할 일의 목록을 작성하다	🔊
22	그게 내 역할이다.	🔊
23	그 프로젝트에 대한 일을 하다	🔊
24	할 일의 우선순위를 정하다	🔊
25	전략을 실행하다	🔊
26	계약을 이행하다	🔊
27	그 안을 채택하다	🔊
28	진행 중에 있다.	🔊
29	가장 급선무	🔊
30	할 일이 많다.	🔊

1분 영어 말하기 표현

업무 처리 및 완료

훈련한 날짜 . .
소요시간 분

표현 익히기 : 보고 듣고 따라 하면서 표현을 내 것으로 만드세요.

🎧 In 17-1

STEP 1 일단 듣기 🎧	STEP 2 우리말 뜻 확인 👁
01 deal with the issue	그 문제를 다루다
02 handle it	그것을 다루다
03 be dealt with properly	제대로 처리되다
04 be handled properly	제대로 다뤄지다
05 take care of the task	그 일을 챙기다[처리하다]
06 take care of the issue	그 문제를 챙기다[처리하다]
07 solve the problem	문제를 해결하다
08 fix the problem	문제를 고치다
09 finish it / get it finished	그것을 끝내다
10 get it done	그것을 끝내다
11 be finished on time	제시간에 끝나다
12 be finished by the deadline	마감기한까지 끝나다
13 be finished by the due date	마감일자까지 끝나다
14 be finished by the scheduled time	예정 시간까지 끝나다
15 finish it by next Friday	다음주 금요일까지는 끝내다
16 get it finished by March 2nd	3월 2일까지는 끝내다
17 be done by the end of the month	이달 말까지는 끝내다
18 get it ready as soon as possible	가능한 빨리 준비하다
19 get it done quickly	빨리 끝내다
20 respond to the request fast	요청에 빨리 응답[대답]하다

우선순위를 정하고 선택된 결정이나 사안에 대해 실행에 옮기는 과정 중에는 소소하게 처리하고 다뤄야 할 실무들이 많습니다. 또 업무에는 마감일자가 정해져 있는 법이고요. 이제 한 단계 더 나아가 업무 처리 및 완료에 대한 표현을 익혀보도록 합시다.

강의 및 훈련 MP3

제한시간 | 1분(문장당 3초 내외)

STEP 3 듣고 따라 하기 🎧	STEP 4 영어로 말해보기 👄
👆 👆 👆	🔊 그 문제를 다루다
👆 👆 👆	🔊 그것을 다루다
👆 👆 👆	🔊 제대로 처리되다
👆 👆 👆	🔊 제대로 다뤄지다
👆 👆 👆	🔊 그 일을 챙기다[처리하다]
👆 👆 👆	🔊 그 문제를 챙기다[처리하다]
👆 👆 👆	🔊 문제를 해결하다
👆 👆 👆	🔊 문제를 고치다
👆 👆 👆	🔊 그것을 끝내다
👆 👆 👆	🔊 그것을 끝내다
👆 👆 👆	🔊 제시간에 끝나다
👆 👆 👆	🔊 마감기한까지 끝나다
👆 👆 👆	🔊 마감일자까지 끝나다
👆 👆 👆	🔊 예정 시간까지 끝나다
👆 👆 👆	🔊 다음주 금요일까지는 끝내다
👆 👆 👆	🔊 3월 2일까지는 끝내다
👆 👆 👆	🔊 이달 말까지는 끝내다
👆 👆 👆	🔊 가능한 빨리 준비하다
👆 👆 👆	🔊 빨리 끝내다
👆 👆 👆	🔊 요청에 빨리 응답[대답]하다

표현 말하기 : 1초 안에 입에서 나올 때까지 반복 연습하세요.

STEP 1 우리말 보면서 듣기 🎧	STEP 2 1초 안에 말해보기 👄	막힐 때는 써보세요.

01	제시간에 끝나다	🔊
02	제대로 처리되다	🔊
03	그것을 끝내다 (finish 이용)	🔊
04	그 문제를 챙기다[처리하다]	🔊
05	빨리 끝내다	🔊
06	마감기한까지 끝나다	🔊
07	문제를 고치다	🔊
08	3월 2일까지는 끝내다	🔊
09	그것을 다루다	🔊
10	요청에 빨리 응답[대답]하다	🔊
11	예정 시간까지 끝나다	🔊
12	그 문제를 다루다	🔊
13	이달 말까지는 끝내다	🔊
14	문제를 해결하다	🔊
15	마감일자까지 끝나다	🔊

STEP 1 우리말 보면서 듣기 🎧	>	STEP 2 1초 안에 말해보기 👄	막힐 때는 써보세요.

16	제대로 다뤄지다	🔊
17	가능한 빨리 준비하다	🔊
18	다음주 금요일까지는 끝내다	🔊
19	그 일을 챙기다[처리하다]	🔊
20	그것을 끝내다 (done 이용)	🔊
21	그것을 다루다	🔊
22	3월 2일까지는 끝내다	🔊
23	제대로 처리되다	🔊
24	문제를 고치다	🔊
25	이달 말까지는 끝내다	🔊
26	그것을 끝내다[해내다]	🔊
27	요청에 빨리 응답[대답]하다	🔊
28	그 문제를 챙기다[처리하다]	🔊
29	마감기한까지 끝나다	🔊
30	가능한 빨리 준비하다	🔊

1분 영어 말하기 표현

업무 지시 및 권장 사항

훈련한 날짜 ・ ・
소요시간 분

표현 익히기 : 보고 듣고 따라 하면서 표현을 내 것으로 만드세요.

🎧 In 18-1

	STEP 1 일단 듣기 🎧	STEP 2 우리말 뜻 확인 👁
01	tell A to do ~	A에게 ~하라고 시키다
02	I told him to do it.	그 남자에게 그것을 하라고 시켰다.
03	I told him to handle it.	그 남자에게 그것을 처리하라고 시켰다.
04	I told him to make a presentation.	그 남자에게 발표하라고 시켰다.
05	He was told to hold it.	그 남자는 중지하라는 지시를 받았다.
06	He was told to handle it.	그 남자는 그것을 처리하라는 지시를 받았다.
07	He was told to make a presentation.	그 남자는 발표를 하라는 지시를 받았다.
08	encourage them to attend the meeting	그 사람들에게 회의에 참석하도록 권장하다
09	They were encouraged to attend the meeting.	그 사람들은 회의에 참석하라고 권장받았다.
10	I want you to be at the meeting.	회의에 들어오시기 바랍니다.
11	I want him to make a presentation.	나는 그 사람이 프레젠테이션을 했으면 한다.
12	I'd like her to be our guest speaker.	그 여자가 우리 초청 연사가 되어주셨으면 한다.
13	I'd like them to join our team.	그 사람들이 우리 팀에 들어왔으면 한다.
14	recommend the seminar to me	내게 세미나를 추천하다
15	recommend attending the seminar	세미나에 참석할 것을 권하다
16	recommend that I attend the seminar	내게 세미나에 참석하라고 권하다
17	suggest the seminar to me	내게 세미나를 제안하다
18	suggest attending the seminar	세미나에 참석할 것을 제안하다
19	suggest that I attend the seminar	내게 세미나에 참석하라고 제안하다
20	I was the one who suggested the idea about ~	~에 대한 아이디어를 제공한 사람은 나였다

직장생활은 혼자서 하는 게 아니죠. 팀에 프로젝트가 주어지면 팀장을 중심으로 소소한 업무들을 분배해 지시하고 지시받으며 각자의 역할을 충실히 해나갑니다. 또, 사내 행사 및 업무와 관련된 이런저런 권장 사항도 발생하고요. 이쯤 되면 업무 지시 및 권장 사항에 대한 표현도 궁금하지 않나요?

강의 및 훈련 MP3

제한시간 | 1분(문장당 3초 내외)

STEP 3 듣고 따라 하기 🔊	STEP 4 영어로 말해보기 😀

🔊 A에게 ~하라고 시키다

🔊 그 남자에게 그것을 하라고 시켰다.

🔊 그 남자에게 그것을 처리하라고 시켰다.

🔊 그 남자에게 발표하라고 시켰다.

🔊 그 남자는 중지하라는 지시를 받았다.

🔊 그 남자는 그것을 처리하라는 지시를 받았다.

🔊 그 남자는 발표를 하라는 지시를 받았다.

🔊 그 사람들에게 회의에 참석하도록 권장하다

🔊 그 사람들은 회의에 참석하라고 권장받았다.

🔊 회의에 들어오시기 바랍니다.

🔊 나는 그 사람이 프레젠테이션을 했으면 한다.

🔊 그 여자가 우리 초청 연사가 되어주셨으면 한다.

🔊 그 사람들이 우리 팀에 들어왔으면 한다.

🔊 내게 세미나를 추천하다

🔊 세미나에 참석할 것을 권하다

🔊 내게 세미나에 참석하라고 권하다

🔊 내게 세미나를 제안하다

🔊 세미나에 참석할 것을 제안하다

🔊 내게 세미나에 참석하라고 제안하다

🔊 ~에 대한 아이디어를 제공한 사람은 나였다

표현 말하기 : 1초 안에 입에서 나올 때까지 반복 연습하세요.

STEP 1 우리말 보면서 듣기	STEP 2 1초 안에 말해보기 막힐 때는 써보세요.

01	그 사람들이 우리 팀에 들어왔으면 한다.
02	내게 세미나를 제안하다
03	내게 세미나를 추천하다
04	~에 대한 아이디어를 제공한 사람은 나였다
05	회의에 들어오시기 바랍니다.
06	그 남자에게 그것을 하라고 시켰다.
07	그 남자는 발표를 하라는 지시를 받았다.
08	A에게 ~하라고 시키다
09	세미나에 참석할 것을 권하다
10	세미나에 참석할 것을 제안하다
11	그 여자가 우리 초청 연사가 되어주셨으면 한다.
12	그 남자는 그것을 처리하라는 지시를 받았다.
13	그 남자에게 발표하라고 시켰다.
14	그 사람들에게 회의에 참석하도록 권장하다
15	내게 세미나에 참석하라고 제안하다

16	내게 세미나에 참석하라고 권하다	
17	나는 그 사람이 프레젠테이션을 했으면 한다.	
18	그 남자는 중지하라는 지시를 받았다.	
19	그 남자에게 그것을 처리하라고 시켰다.	
20	그 사람들은 회의에 참석하라고 권장받았다.	
21	회의에 들어오시기 바랍니다.	
22	그 남자에게 발표하라고 시켰다.	
23	그 사람들이 우리 팀에 들어왔으면 한다.	
24	내게 세미나를 추천하다	
25	그 남자에게 그것을 처리하라고 시켰다.	
26	그 남자는 발표를 하라는 지시를 받았다.	
27	그 사람들에게 회의에 참석하도록 권장하다	
28	내게 세미나에 참석하라고 제안하다	
29	A에게 ~하라고 시키다	
30	그 여자가 우리 초청 연사가 되어주셨으면 한다.	

1분 영어 말하기 표현

필요 사항

표현 익히기 : 보고 듣고 따라 하면서 표현을 내 것으로 만드세요.

🎧 In 19-1

	STEP 1 일단 듣기 🎧	STEP 2 우리말 뜻 확인 👁
01	We need more time.	시간이 더 필요하다.
02	We need more money for our budget.	예산이 더 필요하다.
03	We need more staff.	직원이 더 필요하다.
04	We need more resources.	자원이 더 필요하다.
05	We need an extension for this project.	이 프로젝트에 대한 기간 연장이 필요하다.
06	ask for an extension	연장을 요구하다
07	I need one more week to finish this.	이것을 끝내려면 일주일이 더 필요하다.
08	need a little more time for ~	~할 시간이 좀 더 필요하다
09	It takes time.	시간이 걸린다.
10	It takes money.	돈이 든다.
11	It takes a lot of effort.	많은 노력이 든다.
12	It takes a lot of resources.	자원이 많이 들어간다.
13	It takes a long time.	시간이 오래 걸린다.
14	It takes much time.	많은 시간이 걸린다.
15	It takes two weeks to complete it.	그것을 완성하는 데 2주가 걸린다.
16	It takes a year to develop it.	그것을 개발하는 데 일 년이 걸린다.
17	It takes time to develop a new product.	신제품을 개발하는 데는 시간이 걸린다.
18	Developing a new product takes time.	신제품을 개발하는 데는 시간이 걸린다.
19	It will take a bit more time.	시간이 좀 더 걸릴 것 같다.
20	It costs a lot of money.	돈이 많이 든다.

공동의 프로젝트를 향해 열심히 업무를 수행해가지만, 시간이나 예산, 작업 인원 등이 턱없이 부족할 때가 많습니다. 필요한 걸 필요하다고 당당히 요청할 수 있는 힘이 있다면 더할 나위 없겠지만, 대놓고 요청은 못하더라도 팀원들끼리 수군대는 정도는 할 수 있지 않겠어요? 그러려면 알아야 할 표현들입니다.

제한시간 | 1분(문장당 3초 내외)

STEP 3 듣고 따라 하기 🎧	STEP 4 영어로 말해보기 👄
👇 ✌️ 🤟	🔊 시간이 더 필요하다.
👇 ✌️ 🤟	🔊 예산이 더 필요하다.
👇 ✌️ 🤟	🔊 직원이 더 필요하다.
👇 ✌️ 🤟	🔊 자원이 더 필요하다.
👇 ✌️ 🤟	🔊 이 프로젝트에 대한 기간 연장이 필요하다.
👇 ✌️ 🤟	🔊 연장을 요구하다
👇 ✌️ 🤟	🔊 이것을 끝내려면 일주일이 더 필요하다.
👇 ✌️ 🤟	🔊 ~할 시간이 좀 더 필요하다
👇 ✌️ 🤟	🔊 시간이 걸린다.
👇 ✌️ 🤟	🔊 돈이 든다.
👇 ✌️ 🤟	🔊 많은 노력이 든다.
👇 ✌️ 🤟	🔊 자원이 많이 들어간다.
👇 ✌️ 🤟	🔊 시간이 오래 걸린다.
👇 ✌️ 🤟	🔊 많은 시간이 걸린다.
👇 ✌️ 🤟	🔊 그것을 완성하는 데 2주가 걸린다.
👇 ✌️ 🤟	🔊 그것을 개발하는 데 일 년이 걸린다.
👇 ✌️ 🤟	🔊 신제품을 개발하는 데는 시간이 걸린다.
👇 ✌️ 🤟	🔊 신제품을 개발하는 데는 시간이 걸린다.
👇 ✌️ 🤟	🔊 시간이 좀 더 걸릴 것 같다.
👇 ✌️ 🤟	🔊 돈이 많이 든다.

STEP 1 우리말 보면서 듣기 🎧 〉 **STEP 2** 1초 안에 말해보기 😀 막힐 때는 써보세요.

01	시간이 좀 더 걸릴 것 같다.	🔊
02	이것을 끝내려면 일주일이 더 필요하다.	🔊
03	돈이 든다.	🔊
04	예산이 더 필요하다.	🔊
05	돈이 많이 든다.	🔊
06	시간이 걸린다.	🔊
07	시간이 더 필요하다.	🔊
08	많은 노력이 든다.	🔊
09	자원이 많이 들어간다.	🔊
10	자원이 더 필요하다.	🔊
11	신제품을 개발하는 데는 시간이 걸린다.	🔊
12	~할 시간이 좀 더 필요하다	🔊
13	시간이 오래 걸린다.	🔊
14	그것을 완성하는 데 2주가 걸린다.	🔊
15	연장을 요구하다	🔊

16	그것을 개발하는 데 일 년이 걸린다.	
17	직원이 더 필요하다.	
18	많은 시간이 걸린다.	
19	이 프로젝트에 대한 기간 연장이 필요하다.	
20	신제품을 개발하는 데는 시간이 걸린다. (It으로 시작)	
21	시간이 오래 걸린다.	
22	자원이 더 필요하다.	
23	시간이 좀 더 걸릴 깃 같다.	
24	돈이 많이 든다.	
25	이것을 끝내려면 일주일이 더 필요하다.	
26	많은 노력이 든다.	
27	연장을 요구하다	
28	예산이 더 필요하다.	
29	신제품을 개발하는 데는 시간이 걸린다. (It으로 시작)	
30	이 프로젝트에 대한 기간 연장이 필요하다.	

101

1분 영어 말하기 표현

시간 및 비용 여부

훈련한 날짜 　.　.
소요시간 　　분

표현 익히기 : 보고 듣고 따라 하면서 표현을 내 것으로 만드세요.

🎧 In 20-1

STEP 1	일단 듣기 🎧		STEP 2	우리말 뜻 확인 👁	
01	time to do it			그것을 할 시간	
02	time to develop it			그것을 개발할 시간	
03	have time			시간이 있다	
04	don't have time			시간이 없다	
05	have enough time			충분한 시간이 있다	
06	don't have enough time			충분한 시간이 없다	
07	spend time			시간을 쓰다	
08	spend much time			많은 시간을 쓰다	
09	spend much money			많은 돈을 쓰다	
10	waste time			시간을 낭비하다	
11	spend time discussing it			그것을 논의하는 데 시간을 쓰다	
12	waste time arguing			논쟁하느라 시간을 낭비하다	
13	save time			시간을 아끼다	
14	save money			돈을 아끼다	
15	time-saving measure			시간을 절약할 수 있는 방법	
16	buy time			시간을 벌다	
17	It's a waste of time.			그것은 시간 낭비다.	
18	It's a waste of money.			그것은 돈 낭비다.	
19	cut costs			비용을 절감하다	
20	cut down on advertising expenses			광고 지출을 줄이다	

모든 일은 결국 시간과 돈의 문제입니다. 그 일을 완수해낼 시간과 비용이 충분한지 그렇지 못한지이죠. 이 자리에서는 일을 하는 데 주어진 시간과 비용에 대한 얘기를 할 때 기본적으로 사용되는 표현들을 모아보았습니다. 제법 간단한 표현들이니 부담 없이 내 것으로 만드세요.

강의 및 훈련 MP3

제한시간 | 1분(문장당 3초 내외)

STEP 3 듣고 따라 하기 🎧	STEP 4 영어로 말해보기 👄
👆 ✌ 🖐	🔊 그것을 할 시간
👆 ✌ 🖐	🔊 그것을 개발할 시간
👆 ✌ 🖐	🔊 시간이 있다
👆 ✌ 🖐	🔊 시간이 없다
👆 ✌ 🖐	🔊 충분한 시간이 있다
👆 ✌ 🖐	🔊 충분한 시간이 없다
👆 ✌ 🖐	🔊 시간을 쓰다
👆 ✌ 🖐	🔊 많은 시간을 쓰다
👆 ✌ 🖐	🔊 많은 돈을 쓰다
👆 ✌ 🖐	🔊 시간을 낭비하다
👆 ✌ 🖐	🔊 그것을 논의하는 데 시간을 쓰다
👆 ✌ 🖐	🔊 논쟁하느라 시간을 낭비하다
👆 ✌ 🖐	🔊 시간을 아끼다
👆 ✌ 🖐	🔊 돈을 아끼다
👆 ✌ 🖐	🔊 시간을 절약할 수 있는 방법
👆 ✌ 🖐	🔊 시간을 벌다
👆 ✌ 🖐	🔊 그것은 시간 낭비다.
👆 ✌ 🖐	🔊 그것은 돈 낭비다.
👆 ✌ 🖐	🔊 비용을 절감하다
👆 ✌ 🖐	🔊 광고 지출을 줄이다

표현 말하기 : 1초 안에 입에서 나올 때까지 반복 연습하세요.

STEP 1 우리말 보면서 듣기 🎧	STEP 2 1초 안에 말해보기 😃 막힐 때는 써보세요.
01 많은 돈을 쓰다	🔊
02 그것은 돈 낭비다.	🔊
03 시간이 있다	🔊
04 충분한 시간이 있다	🔊
05 그것을 개발할 시간	🔊
06 시간을 쓰다	🔊
07 논쟁하느라 시간을 낭비하다	🔊
08 시간을 아끼다	🔊
09 비용을 절감하다	🔊
10 많은 시간을 쓰다	🔊
11 시간을 낭비하다	🔊
12 시간이 없다	🔊
13 충분한 시간이 없다	🔊
14 그것을 할 시간	🔊
15 그것을 논의하는 데 시간을 쓰다	🔊

STEP 1 우리말 보면서 듣기 🎧	STEP 2 1초 안에 말해보기 😊 막힐 때는 써보세요.
16	그것은 시간 낭비다.	🔊
17	시간을 벌다	🔊
18	시간을 절약할 수 있는 방법	🔊
19	돈을 아끼다	🔊
20	광고 지출을 줄이다	🔊
21	그것은 돈 낭비다.	🔊
22	많은 돈을 쓰다	🔊
23	비용을 절감하다	🔊
24	시간이 있다	🔊
25	충분한 시간이 없다	🔊
26	그것을 할 시간	🔊
27	그것을 논의하는 데 시간을 쓰다	🔊
28	논쟁하느라 시간을 낭비하다	🔊
29	그것은 시간 낭비다.	🔊
30	시간을 아끼다	🔊

효과 · 효율

훈련한 날짜 　 . 　 .
소요시간 　 　 분

표현 익히기 : 보고 듣고 따라 하면서 표현을 내 것으로 만드세요.

🎧 In 21-1

STEP 1 일단 듣기 🎧		STEP 2 우리말 뜻 확인 👁	
01	It works. / It worked.	효과가 있다. / 효과가 있었다.
02	It doesn't work.	효과가 없다.
03	It didn't work.	효과가 없었다.
04	It's effective.	효과적이다.
05	effectiveness of the advertisement	그 광고의 효과
06	improve effectiveness	효과를 개선하다
07	lower effectiveness	효과를 떨어뜨리다
08	how effective it is	그것이 얼마나 효과가 있는지
09	how effective it is to work separately	분업하는 것이 얼마나 효과적인지
10	It's cost-effective.	비용 효율적이다.
11	more cost-effective plans	비용 효과를 보다 높일 수 있는 계획
12	It's efficient.	효율적이다.
13	business efficiency	업무 효율
14	production efficiency	생산 효율
15	by having better business efficiency	업무 효율 향상을 통해
16	improve business efficiency	업무 효율을 높이다
17	lower business efficiency	업무 효율을 떨어뜨리다
18	It has an influence on us.	그것은 우리에게 영향을 미친다.
19	It influences us.	그것은 우리에게 영향을 준다.
20	We saw good/bad results.	우리는 좋은/나쁜 결과를 봤다.

최소의 비용으로 최대의 이윤을 추구하려면 모든 과정과 결과에 대해 효율성과 효과를 따져보지 않을 수 없습니다. 회의 때 항상 따져보는 내용인 만큼 우리도 그냥 지나칠 순 없겠죠? 효율성과 효과에 대해 이야기할 때 기본적으로 쓰이는 표현들입니다. 확실히 알아두세요.

강의 및 훈련 MP3

제한시간 | 1분(문장당 3초 내외)

STEP 3 듣고 따라 하기 🎧 >	STEP 4 영어로 말해보기 👄
👆 ✌️ 🖐️	🔊 효과가 있다. / 효과가 있었다.
👆 ✌️ 🖐️	🔊 효과가 없다.
👆 ✌️ 🖐️	🔊 효과가 없었다.
👆 ✌️ 🖐️	🔊 효과적이다.
👆 ✌️ 🖐️	🔊 그 광고의 효과
👆 ✌️ 🖐️	🔊 효과를 개선하다
👆 ✌️ 🖐️	🔊 효과를 떨어뜨리다
👆 ✌️ 🖐️	🔊 그것이 얼마나 효과가 있는지
👆 ✌️ 🖐️	🔊 분업하는 것이 얼마나 효과적인지
👆 ✌️ 🖐️	🔊 비용 효율적이다.
👆 ✌️ 🖐️	🔊 비용 효과를 보다 높일 수 있는 계획
👆 ✌️ 🖐️	🔊 효율적이다.
👆 ✌️ 🖐️	🔊 업무 효율
👆 ✌️ 🖐️	🔊 생산 효율
👆 ✌️ 🖐️	🔊 업무 효율 향상을 통해
👆 ✌️ 🖐️	🔊 업무 효율을 높이다
👆 ✌️ 🖐️	🔊 업무 효율을 떨어뜨리다
👆 ✌️ 🖐️	🔊 그것은 우리에게 영향을 미친다.
👆 ✌️ 🖐️	🔊 그것은 우리에게 영향을 준다.
👆 ✌️ 🖐️	🔊 우리는 좋은/나쁜 결과를 봤다.

STEP 1 우리말 보면서 듣기 🎧	STEP 2 1초 안에 말해보기 😐	막힐 때는 써보세요.
01	효과가 있다. / 효과가 있었다.	🔊)
02	효과가 없다.	🔊)
03	비용 효과를 높일 수 있는 계획	🔊)
04	효과가 없었다.	🔊)
05	우리는 좋은/나쁜 결과를 봤다.	🔊)
06	그것이 얼마나 효과가 있는지	🔊)
07	그 광고의 효과	🔊)
08	그것은 우리에게 영향을 준다.	🔊)
09	효과를 떨어뜨리다	🔊)
10	업무 효율을 떨어뜨리다	🔊)
11	효과적이다.	🔊)
12	효율적이다.	🔊)
13	비용 효율적이다.	🔊)
14	업무 효율	🔊)
15	업무 효율 향상을 통해	🔊)

| STEP 1 우리말 보면서 듣기 🎧 | 〉 | STEP 2 1초 안에 말해보기 👄 막힐 때는 써보세요. |

16	업무 효율을 높이다	🔊
17	효과를 개선하다	🔊
18	분업하는 것이 얼마나 효과적인지	🔊
19	그것은 우리에게 영향을 미친다.	🔊
20	생산 효율	🔊
21	효율적이다.	🔊
22	그것이 얼마나 효과가 있는지	🔊
23	효과가 있다. / 효과가 있었다.	🔊
24	그 광고의 효과	🔊
25	비용 효율적이다.	🔊
26	업무 효율을 높이다	🔊
27	그것은 우리에게 영향을 미친다.	🔊
28	업무 효율 향상을 통해	🔊
29	효과가 없다.	🔊
30	분업하는 것이 얼마나 효과적인지	🔊

1분 영어 말하기 표현

설명 및 보고

훈련한 날짜 . .
소요시간 분

표현 익히기 : 보고 듣고 따라 하면서 표현을 내 것으로 만드세요.

🎧 In 22-1

	STEP 1 일단 듣기 🎧	STEP 2 우리말 뜻 확인 👁
01	explain the rules to me	내게 규정을 설명하다
02	explain the rules in detail	규정을 자세히 설명하다
03	explain the company policies	회사 방침을 설명하다
04	brief my boss on the deal	상사에게 그 건에 대해 브리핑하다
05	keep me posted on the issue	그 사안에 대해 내게 지속적으로 보고하다
06	keep updated on the issue	그 사안에 대해 지속적으로 업데이트하다
07	report to my boss	상사에게 보고하다
08	report it to my boss	그것을 상사에게 보고하다
09	make a report / write a report	보고서를 작성하다
10	submit/receive a report	보고서를 제출하다/받다
11	submit it in person	그것을 직접 제출하다
12	submit it by email	그것을 메일로 제출하다
13	meet him face to face	그 남자를 직접 만나다
14	The report is about ~	그 보고서는 ~에 관한 것이다
15	make a presentation	프레젠테이션을 하다
16	present it to the audience	청중에게 그것을 발표하다
17	demonstrate our new product	우리 신제품을 시연하다
18	demonstrate my knowledge	내 지식을 보여주다
19	demonstrate our pride	우리 자부심을 보여주다
20	demonstrate our documents	우리 문서를 보여주다

회사마다 업무를 진행할 때는 정해진 룰이나 방침이 있습니다. 또, 결과물이 나오기까지는 끊임없이 상황을 보고하고, 보고서를 작성하고, 그것을 또 메일로 공유하며 진행되죠. 결과물을 시판하기 전에는 프레젠테이션도 하고요. 이런 일련의 과정들을 설명할 때 알아야 할 표현들입니다.

강의 및 훈련 MP3

제한시간 | 1분(문장당 3초 내외)

STEP 3 듣고 따라 하기 🎧	>	STEP 4 영어로 말해보기 👄
		🔊 내게 규정을 설명하다
		🔊 규정을 자세히 설명하다
		🔊 회사 방침을 설명하다
		🔊 상사에게 그 건에 대해 브리핑하다
		🔊 그 사안에 대해 내게 지속적으로 보고하다
		🔊 그 사안에 대해 지속적으로 업데이트하다
		🔊 상사에게 보고하다
		🔊 그것을 상사에게 보고하다
		🔊 보고서를 작성하다
		🔊 보고서를 제출하다/받다
		🔊 그것을 직접 제출하다
		🔊 그것을 메일로 제출하다
		🔊 그 남자를 직접 만나다
		🔊 그 보고서는 ~에 관한 것이다
		🔊 프레젠테이션을 하다
		🔊 청중에게 그것을 발표하다
		🔊 우리 신제품을 시연하다
		🔊 내 지식을 보여주다
		🔊 우리 자부심을 보여주다
		🔊 우리 문서를 보여주다

표현 말하기 : 1초 안에 입에서 나올 때까지 반복 연습하세요.

STEP 1 우리말 보면서 듣기 🎧 〉	STEP 2 1초 안에 말해보기 😊 막힐 때는 써보세요.
01 보고서를 작성하다	🔊
02 그것을 상사에게 보고하다	🔊
03 그것을 메일로 제출하다	🔊
04 그 사안에 대해 지속적으로 업데이트 하다	🔊
05 그 보고서는 ∼에 관한 것이다	🔊
06 상사에게 그 건에 대해 브리핑하다	🔊
07 회사 방침을 설명하다	🔊
08 청중에게 그것을 발표하다	🔊
09 우리 신제품을 시연하다	🔊
10 그 남자를 직접 만나다	🔊
11 규정을 자세히 설명하다	🔊
12 보고서를 제출하다/받다	🔊
13 우리 자부심을 보여주다	🔊
14 내게 규정을 설명하다	🔊
15 상사에게 보고하다	🔊

STEP 1 우리말 보면서 듣기 🎧	STEP 2 1초 안에 말해보기 😀 막힐 때는 써보세요.
16	그것을 직접 제출하다	🔊
17	프레젠테이션을 하다	🔊
18	내 지식을 보여주다	🔊
19	그 사안에 대해 내게 지속적으로 보고하다	🔊
20	우리 문서를 보여주다	🔊
21	우리 신제품을 시연하다	🔊
22	그것을 직접 제출하다	🔊
23	그 사안에 대해 지속적으로 업데이트하다	🔊
24	보고서를 작성하다	🔊
25	그것을 상사에게 보고하다	🔊
26	그 남자를 직접 만나다	🔊
27	상사에게 그 건에 대해 브리핑하다	🔊
28	프레젠테이션을 하다	🔊
29	규정을 자세히 설명하다	🔊
30	그 보고서는 ~에 관한 것이다	🔊

DAY
23
INPUT
1분 영어 말하기 표현
전화 및 문자

훈련한 날짜 　 . 　 .
소요시간 　 　 분

표현 익히기 : 보고 듣고 따라 하면서 표현을 내 것으로 만드세요.

🎧 In 23-1

STEP 1 일단 듣기 🎧	STEP 2 우리말 뜻 확인 👁
01 call him / phone him	그 남자에게 전화하다
02 make a call to him	그 남자에게 전화하다
03 give him a call	그 남자에게 전화하다
04 get a call	전화를 받다
05 get a call from him	그 남자에게서 전화를 받다
06 return her call	(그 여자의 부재중 전화에) 응답 전화하다
07 get back to you later	나중에 연락하다
08 call back	다시 전화를 하다
09 miss the call	그 전화를 못 받다
10 She called me when I was away.	내가 자리에 없을 때 그 여자가 전화했다.
11 leave a message	메시지를 남기다
12 take a message	메시지를 받아두다
13 forward a message	메시지를 전달하다
14 text him	그 남자에게 문자 보내다
15 send a text message to him / send him a text message	그 남자에게 문자 보내다
16 send text messages	문자를 보내다
17 get a text message	문자를 받다
18 get a text message from him	그 남자에게서 문자를 받다
19 get text messages	문자를 받다 (여러 통)
20 reply to the message	답문을 보내다

업무 처리를 할 때 전화를 이용한 의사소통은 필수입니다. 전화를 하고 받고 메시지를 남기고 받아두는 등의 일은 일상다반사이죠. 일상생활에서도 많이 쓰이는 만큼 익숙한 표현들도 눈에 띌 거예요. 하지만 안다고 말할 수 있는 건 아니죠. 머릿속에 있는 영어가 입 밖으로 튀어나와야 진짜배기입니다.

강의 및 훈련 MP3

제한시간 | 1분(문장당 3초 내외)

STEP 3 듣고 따라 하기 🎧	STEP 4 영어로 말해보기 👄
👆 ✌️ 🖐️	🔊 그 남자에게 전화하다
👆 ✌️ 🖐️	🔊 그 남자에게 전화하다
👆 ✌️ 🖐️	🔊 그 남자에게 전화하다
👆 ✌️ 🖐️	🔊 전화를 받다
👆 ✌️ 🖐️	🔊 그 남자에게서 전화를 받다
👆 ✌️ 🖐️	🔊 (그 여자의 부재중 전화에) 응답 전화하다
👆 ✌️ 🖐️	🔊 나중에 연락하다
👆 ✌️ 🖐️	🔊 다시 전화를 하다
👆 ✌️ 🖐️	🔊 그 전화를 못 받다
👆 ✌️ 🖐️	🔊 내가 자리에 없을 때 그 여자가 전화했다.
👆 ✌️ 🖐️	🔊 메시지를 남기다
👆 ✌️ 🖐️	🔊 메시지를 받아두다
👆 ✌️ 🖐️	🔊 메시지를 전달하다
👆 ✌️ 🖐️	🔊 그 남자에게 문자 보내다
👆 ✌️ 🖐️	🔊 그 남자에게 문자 보내다
👆 ✌️ 🖐️	🔊 문자를 보내다
👆 ✌️ 🖐️	🔊 문자를 받다
👆 ✌️ 🖐️	🔊 그 남자에게서 문자를 받다
👆 ✌️ 🖐️	🔊 문자를 받다 (여러 통)
👆 ✌️ 🖐️	🔊 답문을 보내다

표현 말하기 : 1초 안에 입에서 나올 때까지 반복 연습하세요.

STEP 1 우리말 보면서 듣기 🎧	STEP 2 1초 안에 말해보기 👄 막힐 때는 써보세요.
01 그 남자에게 문자 보내다	🔊
02 메시지를 전달하다	🔊
03 그 남자에게서 문자를 받다	🔊
04 메시지를 받아두다	🔊
05 다시 전화를 하다	🔊
06 그 남자에게서 전화를 받다	🔊
07 문자를 보내다	🔊
08 그 남자에게 전화하다 (c/p로 시작)	🔊
09 메시지를 남기다	🔊
10 그 남자에게 문자 보내다	🔊
11 문자를 받다	🔊
12 그 남자에게 전화하다 (g로 시작)	🔊
13 전화를 받다	🔊
14 그 전화를 못 받다	🔊
15 답문을 보내다	🔊

STEP 1	우리말 보면서 듣기 🎧	〉	STEP 2	1초 안에 말해보기 😊	*막힐 때는 써보세요.*

16	(그 여자의 부재중 전화에) 응답 전화하다	🔊
17	문자를 받다 (여러 통)	🔊
18	그 남자에게 전화하다 (m으로 시작)	🔊
19	내가 자리에 없을 때 그 여자가 전화했다.	🔊
20	나중에 연락하다	🔊
21	그 남자에게 전화하다 (g로 시작)	🔊
22	메시지를 남기다	🔊
23	그 남자에게서 문자를 받다	🔊
24	답문을 보내다	🔊
25	나중에 연락하다	🔊
26	그 남자에게서 전화를 받다	🔊
27	다시 전화를 하다	🔊
28	그 남자에게 문자 보내다	🔊
29	내가 자리에 없을 때 그 여자가 전화했다.	🔊
30	(그 여자의 부재중 전화에) 응답 전화하다	🔊

DAY
24
INPUT

1분 영어 말하기 표현
이메일

훈련한 날짜 　.　.
소요시간 　분

표현 익히기 : 보고 듣고 따라 하면서 표현을 내 것으로 만드세요.

In 24-1

	STEP 1 일단 듣기	STEP 2 우리말 뜻 확인
01	email me	내게 이메일을 보내다
02	email me the file	내게 그 파일을 이메일로 보내다
03	send an email	이메일을 보내다
04	send an email to me / send me an email	내게 이메일을 보내다
05	send emails	이메일을 보내다 (여러 통)
06	by email	이메일로
07	send the report by email	이메일로 보고서를 보내다
08	get an email	이메일을 받다
09	get an email from him	그 남자에게서 이메일을 받다
10	get emails	이메일을 받다 (여러 통)
11	open an email	이메일을 열다
12	read an email	이메일을 읽다
13	reply to his email	그 남자의 이메일에 답장하다
14	write an email	이메일을 쓰다
15	write an email to him	그 남자에게 이메일을 쓰다
16	forward his email to you	그 남자의 이메일을 전달하다
17	attach a file	파일을 첨부하다
18	open the attachment	첨부파일을 열다
19	view the document	문서를 보다
20	I am responding to your email dated May 1.	5월 1일에 보낸 이메일에 대해 답장 보낸다.

이메일은 어쩌면 전화보다 더 필수적인 의사소통 및 업무 처리 수단일 거예요. 팀원간에 자료 공유를 위해, 또 거래처와의 업무 처리를 위해 하루에도 몇 번씩 이메일을 주고 받을 때가 많을 텐데요. 이메일을 쓰고, 보내고, 받고, 파일을 첨부하는 등의 기본 표현은 꼭 알아둬야 합니다.

강의 및 훈련 MP3

제한시간 | 1분(문장당 3초 내외)

STEP 3 듣고 따라 하기 ⑨ ⟩	STEP 4 영어로 말해보기 ☺
👆 ✌ ✋	🔊 내게 이메일을 보내다
👆 ✌ ✋	🔊 내게 그 파일을 이메일로 보내다
👆 ✌ ✋	🔊 이메일을 보내다
👆 ✌ ✋	🔊 내게 이메일을 보내다
👆 ✌ ✋	🔊 이메일을 보내다 (여러 통)
👆 ✌ ✋	🔊 이메일로
👆 ✌ ✋	🔊 이메일로 보고서를 보내다
👆 ✌ ✋	🔊 이메일을 받다
👆 ✌ ✋	🔊 그 남자에게서 이메일을 받다
👆 ✌ ✋	🔊 이메일을 받다 (여러 통)
👆 ✌ ✋	🔊 이메일을 열다
👆 ✌ ✋	🔊 이메일을 읽다
👆 ✌ ✋	🔊 그 남자의 이메일에 답장하다
👆 ✌ ✋	🔊 이메일을 쓰다
👆 ✌ ✋	🔊 그 남자에게 이메일을 쓰다
👆 ✌ ✋	🔊 그 남자의 이메일을 전달하다
👆 ✌ ✋	🔊 파일을 첨부하다
👆 ✌ ✋	🔊 첨부파일을 열다
👆 ✌ ✋	🔊 문서를 보다
👆 ✌ ✋	🔊 5월 1일에 보낸 이메일에 대해 답장 보낸다.

표현 말하기 : 1초 안에 입에서 나올 때까지 반복 연습하세요.

STEP 1 우리말 보면서 듣기 🎧 〉	**STEP 2** 1초 안에 말해보기 😊 막힐 때는 써보세요.
01 이메일로	🔊
02 이메일을 보내다	🔊
03 이메일을 보내다 (여러 통)	🔊
04 이메일을 쓰다	🔊
05 이메일을 받다	🔊
06 이메일을 받다 (여러 통)	🔊
07 이메일을 열다	🔊
08 이메일을 읽다	🔊
09 그 남자의 이메일에 답장하다	🔊
10 파일을 첨부하다	🔊
11 내게 이메일을 보내다 (e로 시작)	🔊
12 5월 1일에 보낸 이메일에 대해 답장 보낸다.	🔊
13 내게 그 파일을 이메일로 보내다	🔊
14 첨부파일을 열다	🔊
15 내게 이메일을 보내다 (s로 시작)	🔊

| STEP 1 | 우리말 보면서 듣기 🎧 | 〉 | STEP 2 | 1초 안에 말해보기 👄 | 막힐 때는 써보세요. |

16	문서를 보다	🔊
17	이메일로 보고서를 보내다	🔊
18	그 남자에게 이메일을 쓰다	🔊
19	그 남자에게서 이메일을 받다	🔊
20	그 남자의 이메일을 전달하다	🔊
21	이메일을 열다	🔊
22	파일을 첨부하다	🔊
23	이메일로	🔊
24	이메일로 보고서를 보내다	🔊
25	이메일을 보내다	🔊
26	이메일을 받다 (여러 통)	🔊
27	첨부파일을 열다	🔊
28	그 남자의 이메일에 답장하다	🔊
29	그 남자에게서 이메일을 받다	🔊
30	5월 1일에 보낸 이메일에 대해 답장 보낸다.	🔊

만족 · 실망

표현 익히기 : 보고 듣고 따라 하면서 표현을 내 것으로 만드세요.

🎧 In 25-1

	STEP 1 일단 듣기 🎧	STEP 2 우리말 뜻 확인 👁
01	satisfy our customers	우리 고객을 만족시키다
02	satisfy the requirements	요구조건을 만족시키다
03	fail to satisfy my boss	상사를 만족시키지 못하다
04	fail to satisfy their needs	그들의 니즈를 충족시키지 못하다
05	It satisfied me.	그것은 나를 만족시켰다.
06	I was satisfied with it.	그것에 만족했다.
07	I'm satisfied with the result.	결과에 만족한다.
08	The result is satisfactory.	결과는 만족스럽다.
09	Your product is less than satisfactory.	귀사의 제품은 만족스럽다고 할 수 없다.
10	customer satisfaction	고객 만족
11	Customer satisfaction is the top priority.	고객 만족이 가장 급선무다.
12	Customer satisfaction is very important for our company.	고객 만족이 우리 회사에 아주 중요하다.
13	disappoint our customers	우리 고객을 실망시키다
14	disappoint my boss	상사를 실망시키다
15	I was disappointed.	실망했다.
16	I was disappointed with it.	그것에 실망했다.
17	I was disappointed in you.	너에게 실망했다.
18	The result is disappointing.	결과는 실망스럽다.
19	It was a disappointment.	그것은 실망이었다.
20	He's a disappointment.	그 사람 실망이다.

열심히 머리를 맞대고 결과물을 만들어냈습니다. 그에 따른 만족감이 피어오를 수도, 실망감에 젖을 수도 있죠. 무엇보다도 고객의 만족을 충족시키는 결과물인지가 중요하게 작용할 텐데요. 이제 고객을 비롯한 사내 동료, 그리고 나의 만족감과 실망감을 드러내는 표현들을 살펴보겠습니다.

강의 및 훈련 MP3

제한시간 | 1분(문장당 3초 내외)

STEP 3 듣고 따라 하기 🎧	STEP 4 영어로 말해보기 😄
👇 ✌️ 🖐️	🔊 우리 고객을 만족시키다
👇 ✌️ 🖐️	🔊 요구조건을 만족시키다
👇 ✌️ 🖐️	🔊 상사를 만족시키지 못하다
👇 ✌️ 🖐️	🔊 그들의 니즈를 충족시키지 못하다
👇 ✌️ 🖐️	🔊 그것은 나를 만족시켰다.
👇 ✌️ 🖐️	🔊 그것에 만족했다.
👇 ✌️ 🖐️	🔊 결과에 만족한다.
👇 ✌️ 🖐️	🔊 결과는 만족스럽다.
👇 ✌️ 🖐️	🔊 귀사의 제품은 만족스럽다고 할 수 없다.
👇 ✌️ 🖐️	🔊 고객 만족
👇 ✌️ 🖐️	🔊 고객 만족이 가장 급선무다.
👇 ✌️ 🖐️	🔊 고객 만족이 우리 회사에 아주 중요하다.
👇 ✌️ 🖐️	🔊 우리 고객을 실망시키다
👇 ✌️ 🖐️	🔊 상사를 실망시키다
👇 ✌️ 🖐️	🔊 실망했다.
👇 ✌️ 🖐️	🔊 그것에 실망했다.
👇 ✌️ 🖐️	🔊 너에게 실망했다.
👇 ✌️ 🖐️	🔊 결과는 실망스럽다.
👇 ✌️ 🖐️	🔊 그것은 실망이었다.
👇 ✌️ 🖐️	🔊 그 사람 실망이다.

STEP 1 우리말 보면서 듣기 🎧	〉 STEP 2 1초 안에 말해보기 😊 막힐 때는 써보세요.
01	결과에 만족한다.	🔊
02	결과는 만족스럽다.	🔊
03	결과는 실망스럽다.	🔊
04	상사를 실망시키다	🔊
05	상사를 만족시키지 못하다	🔊
06	너에게 실망했다.	🔊
07	고객 만족이 우리 회사에 아주 중요하다.	🔊
08	그것은 나를 만족시켰다.	🔊
09	그것은 실망이었다.	🔊
10	귀사의 제품은 만족스럽다고 할 수 없다.	🔊
11	그것에 만족했다.	🔊
12	그것에 실망했다.	🔊
13	우리 고객을 만족시키다	🔊
14	우리 고객을 실망시키다	🔊
15	그들의 니즈를 충족시키지 못하다	🔊

STEP 1 우리말 보면서 듣기 🎧	STEP 2 1초 안에 말해보기 👄 막힐 때는 써보세요.
16	실망했다.	🔊
17	그 사람 실망이다.	🔊
18	고객 만족이 가장 급선무다.	🔊
19	요구조건을 만족시키다	🔊
20	고객 만족	🔊
21	너에게 실망했다.	🔊
22	결과에 만족한다.	🔊
23	그것에 실망했다.	🔊
24	귀사의 제품은 만족스럽다고 할 수 없다.	🔊
25	우리 고객을 만족시키다	🔊
26	그들의 니즈를 충족시키지 못하다	🔊
27	그 사람 실망이다.	🔊
28	고객 만족이 우리 회사에 아주 중요하다.	🔊
29	상사를 실망시키다	🔊
30	그것은 나를 만족시켰다.	🔊

DAY
26
INPUT

1분 영어 말하기 표현

승인 · 거절 · 평가

훈련한 날짜 　 . 　 . 　

소요시간 　 분

표현 익히기 : 보고 듣고 따라 하면서 표현을 내 것으로 만드세요.

🎧 In 26-1

STEP 1 일단 듣기 🎧	STEP 2 우리말 뜻 확인 👁
01	approve the proposal	그 제안서를 승인하다[결제하다]
02	get approval	승인을 받다, 결제를 받다
03	get advance approval	사전 승인을 받다
04	confirm a reservation	예약을 확인하다
05	get it confirmed	컨펌을 받다, 확인을 받다
06	reject the plan	그 기획안을 거절하다
07	reject the offer	그 제의를 거절하다
08	I thank him for his help.	도움에 대해 그 남자에게 감사하다.
09	I appreciate his help.	그 남자의 도움에 감사하다.
10	I'm grateful to him.	그 남자에게 감사를 느낀다.
11	I'm grateful for his help.	그 남자의 도움에 감사를 느낀다.
12	I'm grateful to him for his help.	도움에 대해 그 남자에게 감사를 느낀다.
13	hold him responsible for his mistake	그 남자의 실수에 대해 책임을 지우다
14	reprimand him for his mistake	그 남자의 실수에 대해 질책하다
15	compliment him for his work	그 남자의 업무에 대해 칭찬하다
16	recognize him for his work	그 남자가 한 일에 대해 인정하다
17	evaluate his performance	그 남자의 업무수행을 평가하다
18	give a good performance review	고과를 잘 주다
19	appreciate your achievements	당신의 업적에 감사하다
20	appreciate your dedication	당신의 기여에 감사하다

사내에서 운영되는 모든 일은 승인과 거절이라는 결제 시스템을 통해 돌아갑니다. 그리고 결과에 대해서는 좋은 평가를 받을 수도, 질책과 책임을 물을 수도 있겠죠. 이런 얘기들을 하려면 기본적으로 승인하다, 거절하다, 책임을 지우다, 평가하다, 감사하다 등의 표현을 알아둬야 해요.

강의 및 훈련 MP3

STEP 3 듣고 따라 하기 🎧 〉	STEP 4 영어로 말해보기 😀
👆 ✌️ 🖐️	🔊 그 제안서를 승인하다[결제하다]
👆 ✌️ 🖐️	🔊 승인을 받다, 결제를 받다
👆 ✌️ 🖐️	🔊 사전 승인을 받다
👆 ✌️ 🖐️	🔊 예약을 확인하다
👆 ✌️ 🖐️	🔊 컨펌을 받다, 확인을 받다
👆 ✌️ 🖐️	🔊 그 기획안을 거절하다
👆 ✌️ 🖐️	🔊 그 제의를 거절하다
👆 ✌️ 🖐️	🔊 도움에 대해 그 남자에게 감사하다.
👆 ✌️ 🖐️	🔊 그 남자의 도움에 감사하다.
👆 ✌️ 🖐️	🔊 그 남자에게 감사를 느낀다.
👆 ✌️ 🖐️	🔊 그 남자의 도움에 감사를 느낀다.
👆 ✌️ 🖐️	🔊 도움에 대해 그 남자에게 감사를 느낀다.
👆 ✌️ 🖐️	🔊 그 남자의 실수에 대해 책임을 지우다
👆 ✌️ 🖐️	🔊 그 남자의 실수에 대해 질책하다
👆 ✌️ 🖐️	🔊 그 남자의 업무에 대해 칭찬하다
👆 ✌️ 🖐️	🔊 그 남자가 한 일에 대해 인정하다
👆 ✌️ 🖐️	🔊 그 남자의 업무수행을 평가하다
👆 ✌️ 🖐️	🔊 고과를 잘 주다
👆 ✌️ 🖐️	🔊 당신의 업적에 감사하다
👆 ✌️ 🖐️	🔊 당신의 기여에 감사하다

표현 말하기 : 1초 안에 입에서 나올 때까지 반복 연습하세요.

STEP 1 우리말 보면서 듣기	STEP 2 1초 안에 말해보기	막힐 때는 써보세요.
01	그 남자의 도움에 감사를 느낀다.	
02	그 남자의 업무에 대해 칭찬하다	
03	그 기획안을 거절하다	
04	사전 승인을 받다	
05	컨펌을 받다, 확인을 받다	
06	당신의 기여에 감사하다	
07	도움에 대해 그 남자에게 감사를 느낀다.	
08	그 제안서를 승인하다[결제하다]	
09	그 남자의 실수에 대해 질책하다	
10	그 제의를 거절하다	
11	그 남자의 도움에 감사하다.	
12	그 남자의 업무수행을 평가하다	
13	예약을 확인하다	
14	그 남자가 한 일에 대해 인정하다	
15	승인을 받다, 결제를 받다	

16	도움에 대해 그 남자에게 감사하다.	🔊
17	고과를 잘 주다	🔊
18	당신의 업적에 감사하다	🔊
19	그 남자의 실수에 대해 책임을 지우다	🔊
20	그 남자에게 감사를 느낀다.	🔊
21	고과를 잘 주다	🔊
22	그 남자의 실수에 대해 질책하다	🔊
23	그 제안서를 승인하다[결제하다]	🔊
24	그 기획안을 거절하다	🔊
25	그 남자의 업무수행을 평가하다	🔊
26	예약을 확인하다	🔊
27	도움에 대해 그 남자에게 감사하다.	🔊
28	승인을 받다, 결제를 받다	🔊
29	그 남자가 한 일에 대해 인정하다	🔊
30	그 남자의 도움에 감사를 느낀다.	🔊

DAY
27
INPUT

1분 영어 말하기 표현
성장 실적 · 급여

훈련한 날짜 　 .　 .
소요시간 　 분

표현 익히기 : 보고 듣고 따라 하면서 표현을 내 것으로 만드세요.

🎧 In 27-1

STEP 1 일단 듣기 🎧	STEP 2 우리말 뜻 확인 👁
01 grow the company	회사를 성장시키다
02 grow our sales	매출을 신장시키다
03 grow their abilities	그 사람들의 능력을 키우다
04 improve their skills	그 사람들의 실력을 향상시키다
05 enhance his performance	그 남자의 업무 능력을 강화시키다
06 make things better/worse	상황을 더 낫게 만들다/악화시키다
07 Our sales last year were over 2 billion won.	지난해 매출(액)은 20억 원이 넘었다.
08 Our revenue was over 2 billion won.	우리 수입은 20억 원이 넘었다.
09 Our profit was over 200 million won.	우리 이익은 2억 원이 넘었다.
10 Our sales increased 10% last year.	우리 매출(액)은 지난해 10% 증가했다.
11 Our sales decreased 10% last year.	우리 매출(액)은 지난해 10% 감소했다.
12 get paid on the 25th	25일에 급여를 받는다
13 get a bonus / get an incentive	보너스를 받다 / 인센티브를 받다
14 get a raise	급여를 인상받다
15 a daily allowance of 50,000 won	5만원의 일일 경비
16 travel expenses	출장 경비
17 get reimbursed for the expenses	경비 처리받다
18 My yearly salary is 40 million won.	연봉은 4천만 원이다.
19 My monthly salary is 3 million won.	월급은 3백만 원이다.
20 My hourly pay is 8,000 won.	시급은 8천 원이다.

"열심히 일한 당신! 연봉을 올려드리겠습니다!" "매출 신장에 일조한 당신! 보너스를 드립니다!" 듣기만 해도 기분 좋은 얘기이죠. 회사의 성장 실적과 그 기여도에 따라 개인에게 돌아가는 보상은 아무래도 급여 인상과 보너스 등일 텐데요. 토익에도 숱하게 나오는 성장 실적 표현과 급여 인상 및 보너스에 관한 표현들을 모아보았습니다.

강의 및 훈련 MP3

제한시간 | 1분 (문장당 3초 내외)

STEP 3 듣고 따라 하기 🎧	STEP 4 영어로 말해보기 👄
👆 ✌ 🖐	🔊 회사를 성장시키다
👆 ✌ 🖐	🔊 매출을 신장시키다
👆 ✌ 🖐	🔊 그 사람들의 능력을 키우다
👆 ✌ 🖐	🔊 그 사람들의 실력을 향상시키다
👆 ✌ 🖐	🔊 그 남자의 업무 능력을 강화시키다
👆 ✌ 🖐	🔊 상황을 더 낫게 만들다/악화시키다
👆 ✌ 🖐	🔊 지난해 매출(액)은 20억 원이 넘었다.
👆 ✌ 🖐	🔊 우리 수입은 20억 원이 넘었다.
👆 ✌ 🖐	🔊 우리 이익은 2억 원이 넘었다.
👆 ✌ 🖐	🔊 우리 매출(액)은 지난해 10% 증가했다.
👆 ✌ 🖐	🔊 우리 매출(액)은 지난해 10% 감소했다.
👆 ✌ 🖐	🔊 25일에 급여를 받는다
👆 ✌ 🖐	🔊 보너스를 받다 / 인센티브를 받다
👆 ✌ 🖐	🔊 급여를 인상받다
👆 ✌ 🖐	🔊 5만원의 일일 경비
👆 ✌ 🖐	🔊 출장 경비
👆 ✌ 🖐	🔊 경비 처리받다
👆 ✌ 🖐	🔊 연봉은 4천만 원이다.
👆 ✌ 🖐	🔊 월급은 3백만 원이다.
👆 ✌ 🖐	🔊 시급은 8천 원이다.

| STEP 1 | 우리말 보면서 듣기 🎧 | ⟩ | STEP 2 | 1초 안에 말해보기 😊 | 막힐 때는 써보세요. |

01	월급은 3백만 원이다.	🔊
02	25일에 급여를 받는다	🔊
03	우리 이익은 2억 원이 넘었다.	🔊
04	회사를 성장시키다	🔊
05	상황을 더 낫게 만들다	🔊
06	보너스를 받다	🔊
07	연봉은 4천만 원이다.	🔊
08	매출을 신장시키다	🔊
09	우리 매출(액)은 지난해 10% 증가했다.	🔊
10	인센티브를 받다	🔊
11	그 남자의 업무 능력을 강화시키다	🔊
12	5만원의 일일 경비	🔊
13	시급은 8천 원이다.	🔊
14	우리 매출(액)은 지난해 10% 감소했다.	🔊
15	상황을 더 악화시키다	🔊

16	우리 수입은 20억 원이 넘었다.	🔊	
17	경비 처리받다	🔊	
18	그 사람들의 능력을 키우다	🔊	
19	지난해 매출(액)은 20억 원이 넘었다.	🔊	
20	그 사람들의 실력을 향상시키다	🔊	
21	급여를 인상받다	🔊	
22	출장 경비	🔊	
23	25일에 급여를 받는다	🔊	
24	매출을 신장시키다	🔊	
25	급여를 인상받다	🔊	
26	그 사람들의 실력을 향상시키다	🔊	
27	시급은 8천 원이다.	🔊	
28	우리 이익은 2억 원이 넘었다.	🔊	
29	우리 매출(액)은 지난해 10% 감소했다.	🔊	
30	지난해 매출(액)은 20억 원이 넘었다.	🔊	

1분 영어 말하기 표현

늦게/빨리 ·
기대보다 나은/나쁜

훈련한 날짜 　　.　　.

소요시간 　　　　　분

표현 익히기 : 보고 듣고 따라 하면서 표현을 내 것으로 만드세요.

🎧 **In** 28-1

STEP 1 일단 듣기 🎧		STEP 2 우리말 뜻 확인 👁	
01	first thing in the morning	열일 제쳐두고 아침에 맨 먼저
02	as soon as possible	가능한 빨리, 최대한 빨리
03	I will deal with it first.	먼저 처리하겠다.
04	I will deal with it later.	나중에 처리하겠다.
05	I arrived late.	늦게 도착했다.
06	I arrived early.	일찍 도착했다.
07	I was late for the meeting.	회의에 늦었다.
08	I was 10 minutes late for the meeting.	회의에 10분 늦었다.
09	I arrived early for the meeting.	회의에 일찍 도착했다.
10	I arrived 10 minutes early for the meeting.	회의에 10분 먼저 도착했다.
11	better than I expected	내가 예상한 것보다 더 나은
12	worse than I expected	내가 예상한 것보다 더 나쁜
13	better than I thought	내가 생각한 것보다 더 나은
14	worse than I thought	내가 생각한 것보다 더 나쁜
15	later than originally scheduled	원래 잡힌 일정보다 늦게
16	earlier than originally scheduled	원래 잡힌 일정보다 빨리
17	behind schedule	예정보다 늦게
18	ahead of schedule	예정보다 빨리
19	It's taking longer than I expected.	예상보다 오래 걸린다.
20	It's going to take a while.	시간이 좀 걸릴 것이다.

비즈니스 시의 온갖 만남과 업무를 치러내다 보면 이따금 이 세계엔 '늦은 것과 이른 것', '기대보다 나은 것과 기대에 못 미치는 것'의 이분법으로 가득 차 있는 게 아닐까 하는 생각이 듭니다. 그렇게 생각될 정도로 우리 생활을 지배하고 있는 '늦게/빨리, 기대보다 나은/나쁜' 관련 표현들을 익혀두세요.

강의 및 훈련 MP3

제한시간 | 1분(문장당 3초 내외)

STEP 3 듣고 따라 하기	STEP 4 영어로 말해보기
👆 ✌️ 🖐️	🔊 열일 제쳐두고 아침에 맨 먼저
👆 ✌️ 🖐️	🔊 가능한 빨리, 최대한 빨리
👆 ✌️ 🖐️	🔊 먼저 처리하겠다.
👆 ✌️ 🖐️	🔊 나중에 처리하겠다.
👆 ✌️ 🖐️	🔊 늦게 도착했다.
👆 ✌️ 🖐️	🔊 일찍 도착했다.
👆 ✌️ 🖐️	🔊 회의에 늦었다.
👆 ✌️ 🖐️	🔊 회의에 10분 늦었다.
👆 ✌️ 🖐️	🔊 회의에 일찍 도착했다.
👆 ✌️ 🖐️	🔊 회의에 10분 먼저 도착했다.
👆 ✌️ 🖐️	🔊 내가 예상한 것보다 더 나은
👆 ✌️ 🖐️	🔊 내가 예상한 것보다 더 나쁜
👆 ✌️ 🖐️	🔊 내가 생각한 것보다 더 나은
👆 ✌️ 🖐️	🔊 내가 생각한 것보다 더 나쁜
👆 ✌️ 🖐️	🔊 원래 잡힌 일정보다 늦게
👆 ✌️ 🖐️	🔊 원래 잡힌 일정보다 빨리
👆 ✌️ 🖐️	🔊 예정보다 늦게
👆 ✌️ 🖐️	🔊 예정보다 빨리
👆 ✌️ 🖐️	🔊 예상보다 오래 걸린다.
👆 ✌️ 🖐️	🔊 시간이 좀 걸릴 것이다.

표현 말하기 : 1초 안에 입에서 나올 때까지 반복 연습하세요.

STEP 1 우리말 보면서 듣기 🎧 〉	**STEP 2** 1초 안에 말해보기 😄	막힐 때는 써보세요.
01	열일 제쳐두고 아침에 맨 먼저	🔊
02	예정보다 빨리	🔊
03	먼저 처리하겠다.	🔊
04	내가 생각한 것보다 더 나은	🔊
05	회의에 늦었다.	🔊
06	늦게 도착했다.	🔊
07	회의에 10분 늦었다.	🔊
08	원래 잡힌 일정보다 늦게	🔊
09	내가 예상한 것보다 더 나쁜	🔊
10	일찍 도착했다.	🔊
11	회의에 일찍 도착했다.	🔊
12	회의에 10분 먼저 도착했다.	🔊
13	원래 잡힌 일정보다 빨리	🔊
14	내가 예상한 것보다 더 나은	🔊
15	예상보다 오래 걸린다.	🔊

STEP 1 우리말 보면서 듣기 🎧	〉	STEP 2 1초 안에 말해보기 😄	막힐 때는 써보세요.

16	예정보다 늦게	🔊
17	내가 생각한 것보다 더 나쁜	🔊
18	시간이 좀 걸릴 것이다.	🔊
19	나중에 처리하겠다.	🔊
20	가능한 빨리, 최대한 빨리	🔊
21	예정보다 빨리	🔊
22	나중에 처리하겠다.	🔊
23	회의에 늦었다.	🔊
24	시간이 좀 걸릴 것이다.	🔊
25	열일 제쳐두고 아침에 맨 먼저	🔊
26	예상보다 오래 걸린다.	🔊
27	원래 잡힌 일정보다 빨리	🔊
28	예정보다 늦게	🔊
29	내가 예상한 것보다 더 나쁜	🔊
30	회의에 10분 먼저 도착했다.	🔊

표현 익히기 : 보고 듣고 따라 하면서 표현을 내 것으로 만드세요.

🎧 In 29-1

	STEP 1 일단 듣기 🎧	STEP 2 우리말 뜻 확인 👁
01	for one year	1년 동안
02	for two months	2개월 동안
03	for three weeks	3주 동안
04	for one and a half years	1년 반 동안
05	for 10 hours / for 30 minutes	10시간 동안 / 30분 동안
06	for the first half of the year	상반기 동안
07	for the second half of the year	하반기 동안
08	for the rest of the year	남은 해 동안
09	during the meeting	회의 동안
10	during the break	쉬는 시간 동안
11	during the vacation	휴가 동안
12	during the trip	출장 동안
13	during the presentation	발표 동안
14	during the session	그 시간 동안
15	during working hours	근무시간 동안
16	during business hours	영업시간 동안
17	in the first quarter = in Q1	1/4분기에
18	in the second quarter = in Q2	2/4 분기에
19	in the third quarter = in Q3	3/4 분기에
20	in the fourth quarter = in Q4	4/4 분기에

비즈니스는 시간과의 싸움입니다. 때로는 왜 이렇게 살아야 하나 숨이 가쁘다가도 먹고 살려니 어쩔 수 없다며 이내 맘을 다잡고 또 하루를 버텨내곤 하죠. 여기까지 달려오느라 수고 많으셨습니다. 이제 비즈니스뿐 아니라 일상생활에서도 걸핏하면 쓰이는 기간 표현 먼저 접수하시겠습니다!

강의 및 훈련 MP3

제한시간 | 1분(문장당 3초 내외)

STEP 3 듣고 따라 하기 🎧	STEP 4 영어로 말해보기 👄
👆 ✌️ 🖐️	🔊 1년 동안
👆 ✌️ 🖐️	🔊 2개월 동안
👆 ✌️ 🖐️	🔊 3주 동안
👆 ✌️ 🖐️	🔊 1년 반 동안
👆 ✌️ 🖐️	🔊 10시간 동안 / 30분 동안
👆 ✌️ 🖐️	🔊 상반기 동안
👆 ✌️ 🖐️	🔊 하반기 동안
👆 ✌️ 🖐️	🔊 남은 해 동안
👆 ✌️ 🖐️	🔊 회의 동안
👆 ✌️ 🖐️	🔊 쉬는 시간 동안
👆 ✌️ 🖐️	🔊 휴가 동안
👆 ✌️ 🖐️	🔊 출장 동안
👆 ✌️ 🖐️	🔊 발표 동안
👆 ✌️ 🖐️	🔊 그 시간 동안
👆 ✌️ 🖐️	🔊 근무시간 동안
👆 ✌️ 🖐️	🔊 영업시간 동안
👆 ✌️ 🖐️	🔊 1/4분기에
👆 ✌️ 🖐️	🔊 2/4 분기에
👆 ✌️ 🖐️	🔊 3/4 분기에
👆 ✌️ 🖐️	🔊 4/4 분기에

표현 말하기 : 1초 안에 입에서 나올 때까지 반복 연습하세요.

STEP 1 우리말 보면서 듣기 🎧	STEP 2 1초 안에 말해보기 😊 막힐 때는 써보세요.
01 영업시간 동안	🔊
02 2개월 동안	🔊
03 발표 동안	🔊
04 3/4 분기에	🔊
05 상반기 동안	🔊
06 근무시간 동안	🔊
07 1/4분기에	🔊
08 하반기 동안	🔊
09 출장 동안	🔊
10 회의 동안	🔊
11 3주 동안	🔊
12 쉬는 시간 동안	🔊
13 4/4 분기에	🔊
14 남은 해 동안	🔊
15 그 시간 동안	🔊

| STEP 1 | 우리말 보면서 듣기 🎧 | 〉 | STEP 2 | 1초 안에 말해보기 👄 | 막힐 때는 써보세요. |

16	10시간 동안 / 30분 동안	🔊
17	2/4 분기에	🔊
18	휴가 동안	🔊
19	1년 동안	🔊
20	1년 반 동안	🔊
21	1/4분기에	🔊
22	남은 해 동안	🔊
23	휴가 동안	🔊
24	상반기 동안	🔊
25	발표 동안	🔊
26	1년 반 동안	🔊
27	영업시간 동안	🔊
28	3주 동안	🔊
29	3/4 분기에	🔊
30	2개월 동안	🔊

1분 영어 말하기 표현

시간 표현

훈련한 날짜 . .
소요시간 분

표현 익히기 : 보고 듣고 따라 하면서 표현을 내 것으로 만드세요.

🎧 In 30-1

STEP 1 일단 듣기 🎧		STEP 2 우리말 뜻 확인 👁	
01	this year	올해	
02	this morning	오늘 아침	
03	this month	이번 달	
04	last year	지난해, 작년	
05	last month	지난달	
06	next year	내년	
07	next month	다음달	
08	on weekends	주말마다	
09	over the weekend	주말 동안, 주말에 걸쳐	
10	during the week	그 주 동안	
11	on weekdays	평일에	
12	during the day	낮 동안	
13	from Monday to Friday	월요일부터 금요일까지	
14	for the whole week	일주일 내내	
15	for the whole day	하루 종일	
16	all day long	하루 종일	
17	around the clock	24시간 내내	
18	24/7	일주일 내내 한시도 빠짐없이	
19	all the time	항상	
20	from time to time / sometimes	가끔씩	

대망의 INPUT 마지막 장입니다. 올해, 오늘 아침, 이번 달, 지난달, 하루 종일, 항상, 가끔… 이런 시간 표현들은 직장생활에선 물론 우리 주변 어디에서든 항상 쓰이는 말이죠. 무척 쉬워 보이죠? 하지만 이 말이 문장 속에서 자유롭게 튀어나오려면 쉽다 무시 말고 착실한 연습, 부탁합니다!

강의 및 훈련 MP3

제한시간 | 1분(문장당 3초 내외)

STEP 3 듣고 따라 하기 🎧	⟩	STEP 4 영어로 말해보기 👄
👆 👆 👆		🔊 올해
👆 👆 👆		🔊 오늘 아침
👆 👆 👆		🔊 이번 달
👆 👆 👆		🔊 지난해, 작년
👆 👆 👆		🔊 지난달
👆 👆 👆		🔊 내년
👆 👆 👆		🔊 다음달
👆 👆 👆		🔊 주말마다
👆 👆 👆		🔊 주말 동안, 주말에 걸쳐
👆 👆 👆		🔊 그 주 동안
👆 👆 👆		🔊 평일에
👆 👆 👆		🔊 낮 동안
👆 👆 👆		🔊 월요일부터 금요일까지
👆 👆 👆		🔊 일주일 내내
👆 👆 👆		🔊 하루 종일
👆 👆 👆		🔊 하루 종일
👆 👆 👆		🔊 24시간 내내
👆 👆 👆		🔊 일주일 내내 한시도 빠짐없이
👆 👆 👆		🔊 항상
👆 👆 👆		🔊 가끔씩

143

표현 말하기 : 1초 안에 입에서 나올 때까지 반복 연습하세요.

STEP 1 우리말 보면서 듣기 🎧	STEP 2 1초 안에 말해보기 😀 막힐 때는 써보세요.
01	다음달	🔊
02	하루 종일 (f로 시작)	🔊
03	주말 동안, 주말에 걸쳐	🔊
04	24시간 내내	🔊
05	올해	🔊
06	낮 동안	🔊
07	가끔씩	🔊
08	지난달	🔊
09	그 주 동안	🔊
10	항상	🔊
11	오늘 아침	🔊
12	월요일부터 금요일까지	🔊
13	하루 종일 (a로 시작)	🔊
14	지난해, 작년	🔊
15	일주일 내내	🔊

STEP 1 우리말 보면서 듣기 🎧	STEP 2 1초 안에 말해보기 😁 막힐 때는 써보세요.

16	일주일 내내 한시도 빠짐없이	🔊
17	이번 달	🔊
18	평일에	🔊
19	내년	🔊
20	주말마다	🔊
21	항상	🔊
22	평일에	🔊
23	하루 종일 (a로 시작)	🔊
24	주말마다	🔊
25	24시간 내내	🔊
26	가끔씩	🔊
27	월요일부터 금요일까지	🔊
28	오늘 아침	🔊
29	지난해, 작년	🔊
30	다음달	🔊

직 장 인 을 위 한
1 분 영 어 말 하 기

INPUT
정답

INPUT 파트에서 DAY별 표현 말하기의 정답입니다. 정답을 확인하면서 제대로 기억
하지 못했거나 틀린 문장은 따로 표시해 두고 집중적으로 복습하세요.

01	I work at Google. Google에서 일한다.
02	I'm a developer. 개발자다.
03	I have worked at this company for about 5 years. 이 회사에서 근무한 지 약 5년 됐다.
04	I have more than 8 years of experience in this field. 이 분야에서 경력이 8년 넘었다.
05	I'm a marketer. 마케터이다.
06	I'm in human resources. 인사과에 있다.
07	I've been working at AB Tech for more than 5 years. AB Tech에서 근무한 지 5년이 넘었다.
08	the person in charge 담당자
09	I'm in charge of the project. 그 프로젝트를 맡고 있다.
10	He's my boss. 그 남자가 내 상사다.
11	I'm with Google. Google에 다닌다.
12	I joined the company last year. 작년에 입사했다.
13	I'm in charge of marketing. 마케팅 담당이다.
14	I'm a PR manager. PR 책임자(홍보 과장 또는 홍보 부장)이다.
15	I have 8 years' experience in this field. 이 분야에서 경력 8년차다.
16	I'm the CEO of AD Best. AD Best의 CEO(최고 경영자)이다.
17	The company has 100 employees. 회사에 직원이 100명 있다.
18	I'm in finance. 재무팀에 있다.
19	I'm a sales representative. 영업사원이다.
20	I'm in marketing. 마케팅팀에 있다.
21	I have 8 years' experience in this field. 이 분야에서 경력 8년차다.
22	I have worked at this company for about 5 years. 이 회사에서 근무한 지 약 5년 됐다.
23	I'm in human resources. 인사과에 있다.
24	I work at Google. Google에서 일한다.
25	I joined the company last year. 작년에 입사했다.
26	He's my boss. 그 남자가 내 상사다.
27	The company has 100 employees. 회사에 직원이 100명 있다.
28	the person in charge 담당자
29	I'm a PR manager. PR 책임자(홍보 과장 또는 홍보 부장)이다.
30	I'm a sales representative. 영업사원이다.

01	take the subway to work 지하철 타고 출근하다
02	My commute takes about 30 minutes. 출퇴근에 30분 정도 걸린다.
03	have to be at the office by 9 9시까지는 사무실에 가야 하다
04	I was late for work. 지각했다.
05	work overtime 초과 근무하다
06	leave the office 퇴근하다
07	get home late 늦게 귀가하다
08	leave for work 출근하다, 출근하러 집을 나서다
09	take the bus to work 버스 타고 출근하다
10	I'm off at six. 난 6시에 퇴근한다.
11	go to work 출근하다, 직장에 가다
12	drive to work 운전해 출근하다
13	be at the office by 9 9시까지는 출근하다
14	work late / stay at work late 늦게까지 근무하다 / 늦게까지 회사에 있다
15	commute by bus 버스로 출퇴근하다
16	get to the office 출근하다, 사무실에 도착하다
17	get off work 퇴근하다
18	commute by subway 지하철로 출퇴근하다
19	work nights 야근하다
20	I work flexible hours. 난 출퇴근 시간이 자유롭다.
21	go to work 출근하다, 직장에 가다
22	take the bus to work 버스 타고 출근하다
23	I was late for work. 지각했다.
24	get to the office 출근하다, 사무실에 도착하다
25	leave the office 퇴근하다
26	I'm off at six. 난 6시에 퇴근한다.
27	drive to work 운전해 출근하다
28	commute by subway 지하철로 출퇴근하다
29	I work flexible hours. 난 출퇴근 시간이 자유롭다.
30	work overtime 초과 근무하다

01	leave early 조퇴하다
02	take a half day off 반차 쓰다
03	take my monthly leave 월차를 쓰다
04	go on a vacation 휴가를 가다
05	go on a business trip 출장을 가다
06	He's away from his desk. 그 남자는 자리에 없다.
07	He's off duty today. 그 남자는 오늘 근무하는 날이 아니다.
08	take two days off 이틀 쉬다
09	He took a day off without notice. 그 남자는 무단결근을 했다.
10	He's on duty today. 그 남자는 오늘 근무하는 날이다.
11	He's at his desk. 그 남자는 자리에 있다.
12	get sick leave 병가를 내다
13	take a day off 하루 쉬다
14	He's on sick leave. 그 남자는 병가 중이다.
15	be off from Monday to Friday 월요일부터 금요일까지 쉬다
16	go on a business trip to China 중국으로 출장을 가다
17	He's out of the office. 그 남자는 외근 중이다.
18	be on a vacation 휴가 중이다
19	be on a business trip 출장 중이다
20	take my annual leave 연차를 쓰다
21	He's off-duty today. 그 남자는 오늘 근무하는 날이 아니다.
22	He took a day off without notice. 그 남자는 무단결근을 했다.
23	He's at his desk. 그 남자는 자리에 있다.
24	go on a business trip to China 중국으로 출장을 가다
25	be on a vacation 휴가 중이다
26	take my monthly leave 월차를 쓰다
27	take my annual leave 연차를 쓰다
28	take a half day off 반차를 쓰다
29	take two days off 이틀 쉬다
30	get sick leave 병가를 내다

01	a part-time worker 비상근직, 비정규직
02	receive applications 지원서를 받다
03	an intern 인턴
04	at an interview 면접에서
05	interview the candidate/applicant 후보자/지원자 면접을 보다
06	He's qualified for the position. 그 남자는 그 자리에 자격이 된다.
07	three interviewees 세 명의 면접 대상자
08	hire a new accountant 새 회계사를 채용하다
09	There is a job opening. T/O가 나다.
10	a full-time worker 상근직, 정규직
11	I was interviewed. 면접을 봤다.
12	two interviewers 두 명의 면접관
13	join the firm 회사에 합류하다, 입사하다
14	the probationary period is three months 수습 기간은 3개월이다
15	be placed in a position / take over a new position 자리에 배치되다 / 새 자리를 맡다
16	have an interview 면접을 하다
17	offer the position 자리를 제의하다, 합격 통보를 하다
18	a contract worker 계약직
19	receive company training 회사 연수를 받다
20	review their resumes 이력서를 심사하다
21	hire a new accountant 새 회계사를 채용하다
22	receive applications 지원서를 받다
23	review their resumes 이력서를 심사하다
24	interview the candidate/applicant 후보자/지원자 면접을 보다
25	He's qualified for the position. 그 남자는 그 자리에 자격이 된다.
26	offer the position 자리를 제의하다, 합격 통보를 하다
27	join the firm 회사에 합류하다, 입사하다
28	There is a job opening. T/O가 나다.
29	be placed in a position / take over a new position 자리에 배치되다 / 새 자리를 맡다
30	get the company training program 회사 연수를 받다

01	Today is my last day at work. 오늘이 근무 마지막 날이다.
02	change teams / change positions 팀을 바꾸다 / 자리를 바꾸다
03	transfer to another department 다른 부서로 전근가다
04	He was fired. 그 남자는 해고되었다[잘렸다].
05	leave the team 팀을 떠나다
06	get a promotion 승진하다
07	fire him 그 남자를 해고하다[자르다]
08	get promoted to manager 과장으로 승진하다
09	personnel reshuffle 인사이동 (전면적인 재편)
10	pass over for a promotion 승진 명단에서 빠지다
11	depart the team 팀을 떠나다
12	move to the finance department 재무 부서로 옮기다
13	put in for a transfer 전근을 신청하다
14	quit one's job 회사를 그만두다
15	I am waiting to hear about the transfer. 전근/이동 소식을 기다리고 있다.
16	leave the company 회사를 떠나다, 퇴사하다
17	get promoted 승진하다
18	be transferred to another department 다른 부서로 전근 보내지다
19	get a severance package 퇴직금을 받다
20	change to another team 다른 팀으로 바꾸다
21	transfer to another department 다른 부서로 전근가다
22	put in for a transfer 전근을 신청하다
23	move to the finance department 재무 부서로 옮기다
24	get promoted 승진하다
25	get a severance package 퇴직금을 받다
26	He was fired. 그 남자는 해고되었다[잘렸다].
27	quit one's job 회사를 그만두다
28	leave the team 팀을 떠나다
29	leave the company 회사를 떠나다, 퇴사하다
30	Today is my last day at work. 오늘이 근무 마지막 날이다.

01	to maintain our leading position 선두 자리를 고수하는 것
02	We're successful. 우리는 성공했다.
03	set a goal 목표를 정하다
04	to stay competitive 경쟁력을 유지하는 것
05	We'll succeed in achieving the goal. 우리는 목표 달성에 성공할 것이다.
06	to release a new product 신제품을 출시하는 것
07	set a goal for next year 내년 목표를 정하다
08	to become a leader in the industry 업계 1위가 되는 것
09	It's successful. 그것은 성공적이었다.
10	to stay ahead of our rivals 경쟁사에 우위를 유지하는 것
11	to promote our product 제품을 판촉하는 것
12	I successfully developed it. 성공적으로 개발했다.
13	We failed. 우린 실패했다.
14	to make more people aware of our product 더 많은 사람들에게 우리 제품을 알리는 것
15	The project failed. 그 프로젝트는 실패였다.
16	to increase our market share 시장 점유율을 확대하는 것
17	I failed to develop it. 개발하지 못했다.
18	to increase our sales by 20% 매출을 20% 증가시키는 것
19	Our goal is to cut costs. 우리 목표는 비용을 줄이는 것이다.
20	achieve a goal / reach a goal 목표를 달성하다
21	to maintain our leading position 선두 자리를 고수하는 것
22	to become a leader in the industry 업계 1위가 되는 것
23	set a goal for next year 내년 목표를 정하다
24	to stay ahead of our rivals 경쟁사에 우위를 유지하는 것
25	We'll succeed in achieving the goal. 우리는 목표 달성에 성공할 것이다.
26	I successfully developed it. 성공적으로 개발했다.
27	I failed to develop it. 개발하지 못했다.
28	to stay competitive 경쟁력을 유지하는 것
29	to make more people aware of our product 더 많은 사람들에게 우리 제품을 알리는 것
30	The project failed. 그 프로젝트는 실패였다.

01	look for information 정보를 찾다
02	the cause of the problem 그 문제의 원인
03	because we lack resources 자원이 부족해서
04	It's complicated to satisfy both parties. 양측을 만족시키기란 복잡한 문제이다.
05	seek a solution/way 해결책/방법을 구하다[찾다]
06	because we lack skills 실력이 부족해서
07	identify the error 에러를 파악하다
08	because we lack knowledge 지식이 부족해서
09	come up with an idea 아이디어를 생각해내다
10	It's difficult to meet their needs. 그들의 욕구에 부응하기란 어려운 일이다.
11	identify problems 문제를 파악하다
12	It caused the problem. 그로 인해 문제가 생겼다.
13	search for information 정보를 찾아 뒤지다
14	because we lack experience 경험이 부족해서
15	come up with a solution 해결책을 생각해내다
16	decide on how to deal with it 어떻게 처리해야 할지 결정하다
17	because we lack time 시간이 부족해서
18	It will be hard to finish it on time. 제시간에 끝내기란 어려울 것이다.
19	seek the right person 적임자를 구하다[찾다]
20	the root cause of the problem 그 문제의 근원
21	decide on how to deal with it 어떻게 처리해야 할지 결정하다
22	identify the error 에러를 파악하다
23	look for information 정보를 찾다
24	search for information 정보를 찾아 뒤지다
25	seek a solution/way 해결책/방법을 구하다[찾다]
26	because we lack experience 경험이 부족해서
27	come up with an idea 아이디어를 생각해내다
28	come up with a solution 해결책을 생각해내다
29	It's difficult to meet their needs. 그들의 욕구에 부응하기란 어려운 일이다.
30	It's complicated to satisfy both parties. 양측을 만족시키기란 복잡한 문제이다.

01	arrange a meeting 회의를 잡다
02	reschedule the meeting 회의 시간을 다시 잡대[변경하다]
03	move the meeting up an hour 회의를 한 시간 앞당기다
04	the discussion will last for an hour 논의는 1시간 동안 계속될 것이다
05	the meeting was over early 회의는 일찍 끝났다
06	the talk went well 회의는 잘 진행되었다, 얘기가 잘됐다
07	the training starts from 3 p.m. 교육은 오후 3시에 시작한다
08	make an appointment (만날) 일정을 잡다
09	set up a time 날짜를 잡다
10	move the meeting back an hour 회의를 한 시간 미루다
11	the negotiations lasted for more than two hours 그 협상은 두 시간 넘게 걸렸다
12	the meeting was over late 회의는 늦게 끝났다
13	set up a place 장소를 정하다
14	book a meeting room 회의실을 잡아놓다
15	the meeting was over 회의는 끝났다
16	the seminar didn't go well 세미나는 잘 진행되지 못했다
17	postpone the meeting until next Monday 회의를 다음주 월요일로 미루다
18	the training ends at 4 p.m. 교육은 오후 4시에 끝난다
19	the presentation ran over 발표는 시간을 넘겨 끝났다
20	cancel the meeting 회의를 취소하다
21	make an appointment (만날) 일정을 잡다
22	set up a place 장소를 정하다
23	reschedule the meeting 회의 시간을 다시 잡대[변경하다]
24	move the meeting back an hour 회의를 한 시간 미루다
25	postpone the meeting until next Monday 회의를 다음주 월요일로 미루다
26	the discussion will last for an hour 논의는 1시간 동안 계속될 것이다
27	the talk went well 회의는 잘 진행되었다, 얘기가 잘됐다
28	the meeting was over late 회의는 늦게 끝났다
29	the seminar didn't go well 세미나는 잘 진행되지 못했다
30	the training ends at 4 p.m. 교육은 오후 4시에 끝난다

01	I'm willing to work abroad. 해외에서 일할 용의가 있다.
02	participate in the project 그 프로젝트에 참여하다
03	I'm preparing for the event. 행사를 준비하고 있다.
04	I'm getting materials ready for the event 행사 자료를 준비시키고 있다/준비시킬 것이다.
05	don't have enough time to work on it 그 일을 하는 데 주어진 시간이 충분치 않다
06	We will redouble our efforts. 우리 일에 박차를 가하다. (노력을 두 배 이상으로 하다)
07	put more effort into ~ ~에 더 많은 노력을 기울이다
08	I'm preparing materials for the event. 행사 자료를 준비하고 있다.
09	try hard to get it done quickly 빨리 끝내도록 애쓰다
10	do my best 최선을 다하다
11	I'm getting ready for the event. 행사를 준비하고 있다/준비할 것이다.
12	concentrate harder at work 업무[회사 일]에 더 집중하다
13	make an effort / make efforts 노력하다
14	I'm doing everything I can. 할 수 있는 모든 것을 다 하다.
15	try to do it / try hard to do it 그것을 하려고 하다 / 그것을 하려고 애쓰다
16	spend a lot of time doing it 그것을 하는 데 시간을 많이 들이다
17	struggle with it 아둥바둥대며 그 일을 하다
18	I'm willing to take charge of the project. 그 프로젝트를 맡을 용의가 있다.
19	join the project 그 프로젝트에 합류하다
20	I'm ready for the event. 행사를 치를 준비가 되어 있다.
21	I'm willing to work abroad. 해외에서 일할 용의가 있다.
22	join the project 그 프로젝트에 합류하다
23	put more effort into ~ ~에 더 많은 노력을 기울이다
24	I'm getting materials ready for the event 행사 자료를 준비시키고 있다/준비시킬 것이다.
25	I'm doing everything I can. 할 수 있는 모든 것을 다 하다.
26	struggle with it 아둥바둥대며 그 일을 하다
27	don't have enough time to work on it 그 일을 하는 데 주어진 시간이 충분치 않다
28	try hard to get it done quickly 빨리 끝내도록 애쓰다
29	do my best 최선을 다하다
30	make an effort / make efforts 노력하다

01	have a conference call 전화 회의를 하다
02	five people were at the meeting 다섯 명이 그 회의에 임했다
03	at the meeting 그 회의에서
04	items to discuss 논의할 내용들
05	the purpose of the meeting 그 회의의 목적
06	get it down on paper 기록하다
07	have a video conference 화상 회의를 하다
08	attend a meeting 회의에 참석하다
09	take notes 받아 적다
10	The meeting is scheduled for 2 p.m. 회의가 오후 2시에 잡혔다.
11	be at the meeting 그 회의에 참석하다[임하다]
12	five people attended the meeting 다섯 명이 그 회의에 참석했다
13	the agenda of the meeting 그 회의의 안건
14	have many items to discuss 논의할 내용이 많다
15	discuss the topic 그 주제를 논의하다
16	write the minutes of the meeting 회의록을 작성하다
17	have it in writing 문서로 남기다
18	five people joined the meeting 다섯 명이 그 회의에 함께했다
19	have a meeting 회의가 있다
20	make notes 메모하다
21	attend a meeting 회의에 참석하다
22	get it down on paper 기록하다
23	have a conference call 전화 회의를 하다
24	at the meeting 그 회의에서
25	write the minutes of the meeting 회의록을 작성하다
26	have many items to discuss 논의할 내용이 많다
27	The meeting is scheduled for 2 p.m. 회의가 오후 2시에 잡혔다.
28	the agenda of the meeting 그 회의의 안건
29	discuss the topic 그 주제를 논의하다
30	five people joined the meeting 다섯 명이 그 회의에 함께했다

01	have a question 질문이 있다
02	ask him what happened 무슨 일이 있었는지 그 남자에게 물어보다
03	ask for advice 조언을 구하다[청하다]
04	request a vacation 휴가를 요청하다
05	answer the question 그 질문에 답하다
06	ask him when it happened 언제 그런 일이 일어났는지 그 남자에게 물어보다
07	ask my manager for some advice 우리 과장[부장]에게 조언을 청하다
08	request a reimbursement 경비 처리를 요청하다
09	ask him where it happened 어디에서 그런 일이 일어났는지 그 남자에게 물어보다
10	ask for more information 추가 정보를 요청하다
11	ask him to do it 그 남자에게 그 일을 하라고 (요청)하다
12	ask him why it happened 왜 그런 일이 일어났는지 그 남자에게 물어보다
13	ask him for help 그 남자에게 도움을 요청하다
14	have a Q&A session 질의응답 시간을 갖다
15	ask him who did it 누가 그런 일을 했는지 그 남자에게 물어보다
16	ask for help 도움을 요청하다
17	ask a question 질문을 하다
18	ask him how it happened 어떻게 그런 일이 일어났는지 그 남자에게 물어보다
19	request extra funds 추가 자금을 요청하다
20	ask him if he can help me 나를 도와줄 수 있는지 그 남자에게 물어보다
21	ask for more information 추가 정보를 요청하다
22	request a vacation 휴가를 요청하다
23	request a reimbursement 경비 처리를 요청하다
24	ask my manager for some advice 우리 과장[부장]에게 조언을 청하다
25	have a question 질문이 있다
26	answer the question 그 질문에 답하다
27	ask him to do it 그 남자에게 그 일을 하라고 (요청)하다
28	ask him how it happened 어떻게 그런 일이 일어났는지 그 남자에게 물어보다
29	have a Q&A session 질의응답 시간을 갖다
30	ask for help 도움을 요청하다

01	in terms of feasibility 실행 가능성 면으로 봤을 때
02	have an argument 언쟁하다
03	in terms of profitability 수익성 면으로 봤을 때
04	I insist on the plan. 그 안을 주장하는 바이다
05	in terms of competitiveness 경쟁력 면으로 봤을 때
06	I agree with her opinion. 그 여자의 의견에 동의하다.
07	in terms of time 시간적인 면으로 봤을 때
08	I'm indifferent on this one. 이것에 대해 중립적인 입장이다.
09	in terms of effectiveness 효과 면으로 봤을 때
10	I object to the opinion 그 의견에 반대하다.
11	in terms of efficiency 효율성 면으로 봤을 때
12	I argued with him. 그 사람과 언쟁했다.
13	in terms of quality 질적인 면으로 봤을 때
14	have a different idea 다른 생각을 갖고 있다
15	I insist that we do it now. 우리는 지금 그것을 해야 한다고 주장하는 바이다.
16	in terms of price 가격 면으로 봤을 때
17	I agree with him. 그 사람 말에 동의하다.
18	from the perspective of our clients 우리 고객 관점에서 보면
19	have an opposing idea / oppose my idea 반대되는 생각을 갖고 있다 / 내 생각에 반대하다
20	They discussed marketing strategies. 그들은 마케팅 전략을 논의했다.
21	in terms of time 시간적인 면으로 봤을 때
22	I insist that we do it now. 우리는 지금 그것을 해야 한다고 주장하는 바이다.
23	I agree with her opinion. 그 여자의 의견에 동의하다.
24	in terms of efficiency 효율성 면으로 봤을 때
25	I insist on the plan. 그 안을 주장하는 바이다
26	I object to the opinion 그 의견에 반대하다.
27	have an argument 언쟁하다
28	They discussed marketing strategies. 그들은 마케팅 전략을 논의했다.
29	in terms of effectiveness 효과 면으로 봤을 때
30	I'm indifferent on this one. 이것에 대해 중립적인 입장이다.

01	I decided to join the team. 그 팀에 합류하기로 결정했다.
02	make the right decision 결정을 잘하다
03	make a decision / make decisions 결정을 하다
04	the decision is temporary 그 결정은 임시적이다
05	determine the market conditions (결정에 앞서 확실히 하기 위해) 시장 상황을 파악하다
06	the decision-making process 의사결정 절차
07	make the final decision 최종 결정을 하다
08	I haven't decided yet. 아직 결정을 못 했다.
09	one of my choices 내 선택 대상 중 하나
10	determine the reason (결정에 앞서 확실히 하기 위해) 이유를 파악하다
11	have the choice 선택권이 있다
12	decision-making 의사결정
13	make the wrong decision 결정을 잘못하다
14	It's not been decided yet. 그건 아직 결정 안 됐다.
15	choose the date 날짜를 선택하다
16	decide on the date 날짜를 결정하다
17	make a choice / make choices 선택을 하다
18	I decided not to leave. 떠나지 않기로 결정했다.
19	choose the place 장소를 선택하다
20	decide on the place 장소를 결정하다
21	make a decision / make decisions 결정을 하다
22	determine the reason (결정에 앞서 확실히 하기 위해) 이유를 파악하다
23	I haven't decided yet. 아직 결정을 못 했다.
24	choose the date 날짜를 선택하다
25	I decided to join the team. 그 팀에 합류하기로 결정했다.
26	I decided not to leave. 떠나지 않기로 결정했다.
27	decide on the place 장소를 결정하다
28	the decision is temporary 그 결정은 임시적이다
29	make the final decision 최종 결정을 하다
30	one of my choices 내 선택 대상 중 하나

01	what to do 뭘 해야 할지
02	be worried about it 그 일에 대해 걱정하다
03	I'm optimistic this year will be better. 올해는 더 나을 것이라 낙관한다.
04	be concerned that it's wrong 그게 잘못된 일일까 우려하다
05	I'm doubtful this year will be better. 올해는 더 나을지 의심스럽다.
06	I'm sure this year will be better. 올해는 더 나을 것이라고 확신한다.
07	when to stop 언제 중단해야 하는지
08	be concerned about it 그 일에 대해 우려하다
09	I'm not sure this year will be better. 올해는 더 나을 거라고 확신할 수 없다.
10	where to stay 어디 머물지
11	I'm hopeful this year will be better. 올해는 더 나을 거라 희망한다.
12	what to say 뭐라고 해야 할지
13	be worried that it's wrong 그게 잘못된 일일까봐 걱정하다
14	I'm positive this year will be better. 올해는 더 나을 거라는 데에 긍정적이다.
15	who to hire 누구를 채용해야 하는지
16	I doubt this year will be better. 올해는 더 나을지 의심스럽다.
17	I hope I can satisfy the needs of my customers. 고객들의 욕구를 충족시킬 수 있기를 바란다.
18	how to do it 그것을 어떻게 하는지
19	worry about it 그 일에 대해 걱정하다
20	I'm cautiously optimistic this year will be better. 올해는 더 나을 것이라고 조심스럽게 낙관한다.
21	what to do 뭘 해야 할지
22	how to do it 그것을 어떻게 하는지
23	be concerned about it 그 일에 대해 우려하다
24	be worried that it's wrong 그게 잘못된 일일까봐 걱정하다
25	I'm sure this year will be better. 올해는 더 나을 것이라고 확신한다.
26	I'm not sure this year will be better. 올해는 더 나을 거라 확신할 수 없다.
27	I'm positive this year will be better. 올해는 더 나을 거라는 데에 긍정적이다.
28	I'm doubtful this year will be better. 올해는 더 나을지 의심스럽다.
29	I'm hopeful this year will be better. 올해는 더 나을 거라 희망한다.
30	I doubt this year will be better. 올해는 더 나을지 의심스럽다.

01	We are very interested in ~ 우리는 ~에 매우 관심이 있다
02	have high/low expectations 기대치가 높다/낮다
03	expect our sales to increase 우리 매출이 증가할 것으로 기대하다
04	It was totally unexpected. 전혀 예상하지 못했다.
05	expect success 성공을 기대하다
06	expect too much 너무 지나치게 기대하다
07	have interest in our product 우리 제품에 관심이 있다
08	expect him to make it 그 남자가 해낼 것이라 기대하다
09	show interest in our product 우리 제품에 관심을 보이다
10	don't expect to land the deal 거래가 성사될 거라고 기대하지 않는다
11	have expectations about him 그 남자에게 기대감을 갖고 있다
12	expect me to land the deal 내가 그 계약을 따낼 것으로 기대하다
13	be especially interested in ~ ~에 특히 관심이 있다
14	expect an increase in sales 매출 증가를 기대하다
15	live up to his expectations 그 사람의 기대치에 부응하다
16	expect the event to be successful 그 행사가 성공할 거라 기대하다
17	do our best to meet your expectations 기대에 부응하기 위해 최선을 다 하다
18	be interested in our product 우리 제품에 관심이 있다
19	expect a lot about the project 프로젝트에 대해 상당히 기대하다
20	My expectations aren't very high. 내 기대치는 별로 높지 않다. (기대를 별로 안 한다.)
21	expect a lot about the project 프로젝트에 대해 상당히 기대하다
22	have expectations about him 그 남자에게 기대감을 갖고 있다
23	expect an increase in sales 매출 증가를 기대하다
24	do our best to meet your expectations 기대에 부응하기 위해 최선을 다 하다
25	show interest in our product 우리 제품에 관심을 보이다
26	have high/low expectations 기대치가 높다/낮다
27	expect him to make it 그 남자가 해낼 것이라 기대하다
28	be especially interested in ~ ~에 특히 관심이 있다
29	expect too much 너무 지나치게 기대하다
30	live up to his expectations 그 사람의 기대치에 부응하다

01	implement the audit 감사를 실시하다
02	I have a lot of work to do. 할 일이 많다.
03	make a to-do list 할 일의 목록을 작성하다
04	the top priority 가장 급선무
05	work on promoting our product 제품 판촉에 대한 일을 하다
06	It's my role. 그게 내 역할이다.
07	It's a work in progress. 진행 중에 있다.
08	implement the policy 정책을 실행하다
09	I have some work to do. 할 일이 좀 있다.
10	work on the project 그 프로젝트에 대한 일을 하다
11	go with the plan 그 안을 채택하다
12	fulfill my duties 임무를 이행하다
13	implement the project 그 프로젝트를 실행하다
14	fulfill the contract 계약을 이행하다
15	make a checklist 체크리스트를 만들다
16	set priorities 할 일의 우선순위를 정하다
17	proceed with the plan 그 안을 진행하다
18	implement a training program 연수 프로그램을 실시하다
19	implement a strategy 전략을 실행하다
20	have ten priorities 열 가지 급선무가 있다
21	make a to-do list 할 일의 목록을 작성하다
22	It's my role. 그게 내 역할이다.
23	work on the project 그 프로젝트에 대한 일을 하다
24	set priorities 할 일의 우선순위를 정하다
25	implement a strategy 전략을 실행하다
26	fulfill the contract 계약을 이행하다
27	go with the plan 그 안을 채택하다
28	It's a work in progress. 진행 중에 있다.
29	the top priority 가장 급선무
30	I have a lot of work to do. 할 일이 많다.

01	be finished on time 제시간에 끝나다
02	be dealt with properly 제대로 처리되다
03	finish it / get it finished 그것을 끝내다
04	take care of the issue 그 문제를 챙기다[처리하다]
05	get it done quickly 빨리 끝내다
06	be finished by the deadline 마감기한까지 끝나다
07	fix the problem 문제를 고치다
08	get it finished by March 2nd 3월 2일까지는 끝내다
09	handle it 그것을 다루다
10	respond to the request fast 요청에 빨리 응답[대답]하다
11	be finished by the scheduled time 예정 시간까지 끝나다
12	deal with the issue 그 문제를 다루다
13	be done by the end of the month 이달 말까지는 끝나다
14	solve the problem 문제를 해결하다
15	be finished by the due date 마감일자까지 끝나다
16	be handled properly 제대로 다뤄지다
17	get it ready as soon as possible 가능한 빨리 준비하다
18	finish it by next Friday 다음주 금요일까지는 끝내다
19	take care of the task 그 일을 챙기다[처리하다]
20	get it done 그것을 끝내다
21	handle it 그것을 다루다
22	get it finished by March 2nd 3월 2일까지는 끝내다
23	be dealt with properly 제대로 처리되다
24	fix the problem 문제를 고치다
25	be done by the end of the month 이달 말까지는 끝나다
26	get it done 그것을 끝내다[해내다]
27	respond to the request fast 요청에 빨리 응답[대답]하다
28	take care of the issue 그 문제를 챙기다[처리하다]
29	be finished by the deadline 마감기한까지 끝나다
30	get it ready as soon as possible 가능한 빨리 준비하다

01	I'd like them to join our team. 그 사람들이 우리 팀에 들어왔으면 한다.
02	suggest the seminar to me 내게 세미나를 제안하다
03	recommend the seminar to me 내게 세미나를 추천하다
04	I was the one who suggested the idea about~ ~에 대한 아이디어를 제공한 사람은 나였다
05	I want you to be at the meeting. 회의에 들어오시기 바랍니다.
06	I told him to do it. 그 남자에게 그것을 하라고 시켰다.
07	He was told to make a presentation. 그 남자는 발표를 하라는 지시를 받았다.
08	tell A to do ~ A에게 ~하라고 시키다
09	recommend attending the seminar 세미나에 참석할 것을 권하다
10	suggest attending the seminar 세미나에 참석할 것을 제안하다
11	I'd like her to be our guest speaker. 그 여자가 우리 초청 연사가 되어주셨으면 한다.
12	He was told to handle it. 그 남자는 그것을 처리하라는 지시를 받았다.
13	I told him to make a presentation. 그 남자에게 발표하라고 시켰다.
14	encourage them to attend the meeting 그 사람들에게 회의에 참석하도록 권장하다
15	suggest that I attend the seminar 내게 세미나에 참석하라고 제안하다
16	recommend that I attend the seminar 내게 세미나에 참석하라고 권하다
17	I want him to make a presentation. 나는 그 사람이 프레젠테이션을 했으면 한다.
18	He was told to hold it. 그 남자는 중지하라는 지시를 받았다.
19	I told him to handle it. 그 남자에게 그것을 처리하라고 시켰다.
20	They were encouraged to attend the meeting. 그 사람들은 회의에 참석하라고 권장받았다.
21	I want you to be at the meeting. 회의에 들어오시기 바랍니다.
22	I told him to make a presentation. 그 남자에게 발표하라고 시켰다.
23	I'd like them to join our team. 그 사람들이 우리 팀에 들어왔으면 한다.
24	recommend the seminar to me 내게 세미나를 추천하다
25	I told him to handle it. 그 남자에게 그것을 처리하라고 시켰다.
26	He was told to make a presentation. 그 남자는 발표를 하라는 지시를 받았다.
27	encourage them to attend the meeting 그 사람들에게 회의에 참석하도록 권장하다
28	suggest that I attend the seminar 내게 세미나에 참석하라고 제안하다
29	tell A to do ~ A에게 ~하라고 시키다
30	I'd like her to be our guest speaker. 그 여자가 우리 초청 연사가 되어주셨으면 한다.

01	It will take a bit more time. 시간이 좀 더 걸릴 것 같다.
02	I need one more week to finish this. 이것을 끝내려면 일주일이 더 필요하다.
03	It takes money. 돈이 든다.
04	We need more money for our budget. 예산이 더 필요하다.
05	It costs a lot of money. 돈이 많이 든다.
06	It takes time. 시간이 걸린다.
07	We need more time. 시간이 더 필요하다.
08	It takes a lot of effort. 많은 노력이 든다.
09	It takes a lot of resources. 자원이 많이 들어간다.
10	We need more resources. 자원이 더 필요하다.
11	Developing a new product takes time. 신제품을 개발하는 데는 시간이 걸린다.
12	need a little more time for ~ ~할 시간이 좀 더 필요하다
13	It takes a long time. 시간이 오래 걸린다.
14	It takes two weeks to complete it. 그것을 완성하는 데 2주가 걸린다.
15	ask for an extension 연장을 요구하다
16	It takes a year to develop it. 그것을 개발하는 데 일 년이 걸린다.
17	We need more staff. 직원이 더 필요하다.
18	It takes much time. 많은 시간이 걸린다.
19	We need an extension for this project. 이 프로젝트에 대한 기간 연장이 필요하다.
20	It takes time to develop a new product. 신제품을 개발하는 데는 시간이 걸린다.
21	It takes a long time. 시간이 오래 걸린다.
22	We need more resources. 자원이 너 필요하다.
23	It will take a bit more time. 시간이 좀 더 걸릴 것 같다.
24	It costs a lot of money. 돈이 많이 든다.
25	I need one more week to finish this. 이것을 끝내려면 일주일이 더 필요하다.
26	It takes a lot of effort. 많은 노력이 든다.
27	ask for an extension 연장을 요구하다
28	We need more money for our budget. 예산이 더 필요하다.
29	It takes time to develop a new product. 신제품을 개발하는 데는 시간이 걸린다.
30	We need an extension for this project. 이 프로젝트에 대한 기간 연장이 필요하다.

01	spend much money 많은 돈을 쓰다
02	It's a waste of money. 그것은 돈 낭비다.
03	have time 시간이 있다
04	have enough time 충분한 시간이 있다
05	time to develop it 그것을 개발할 시간
06	spend time 시간을 쓰다
07	waste time arguing 논쟁하느라 시간을 낭비하다
08	save time 시간을 아끼다
09	cut costs 비용을 절감하다
10	spend much time 많은 시간을 쓰다
11	waste time 시간을 낭비하다
12	don't have time 시간이 없다
13	don't have enough time 충분한 시간이 없다
14	time to do it 그것을 할 시간
15	spend time discussing it 그것을 논의하는 데 시간을 쓰다
16	It's a waste of time. 그것은 시간 낭비다.
17	buy time 시간을 벌다
18	time-saving measure 시간을 절약할 수 있는 방법
19	save money 돈을 아끼다
20	cut down on advertising expenses 광고 지출을 줄이다
21	It's a waste of money. 그것은 돈 낭비다.
22	spend much money 많은 돈을 쓰다
23	cut costs 비용을 절감하다
24	have time 시간이 있다
25	don't have enough time 충분한 시간이 없다
26	time to do it 그것을 할 시간
27	spend time discussing it 그것을 논의하는 데 시간을 쓰다
28	waste time arguing 논쟁하느라 시간을 낭비하다
29	It's a waste of time. 그것은 시간 낭비다.
30	save time 시간을 아끼다

01	It works. / It worked.	효과가 있다. / 효과가 있었다.
02	It doesn't work.	효과가 없다.
03	more cost-effective plans	비용 효과를 보다 높일 수 있는 계획
04	It didn't work.	효과가 없었다.
05	We saw good/bad results.	우리는 좋은/나쁜 결과를 봤다.
06	how effective it is	그것이 얼마나 효과가 있는지
07	effectiveness of the advertisement	그 광고의 효과
08	It influences us.	그것은 우리에게 영향을 준다.
09	lower effectiveness	효과를 떨어뜨리다
10	lower business efficiency	업무 효율을 떨어뜨리다
11	It's effective.	효과적이다.
12	It's efficient.	효율적이다.
13	It's cost-effective.	비용 효율적이다.
14	business efficiency	업무 효율
15	by having better business efficiency	업무 효율 향상을 통해
16	improve business efficiency	업무 효율을 높이다
17	improve effectiveness	효과를 개선하다
18	how effective it is to work separately	분업하는 것이 얼마나 효과적인지
19	It has an influence on us.	그것은 우리에게 영향을 미친다.
20	production efficiency	생산 효율
21	It's efficient.	효율적이다.
22	how effective it is	그것이 얼마나 효과가 있는지
23	It works. / It worked.	효과가 있다. / 효과가 있었다.
24	effectiveness of the advertisement	그 광고의 효과
25	It's cost-effective.	비용 효율적이다.
26	improve business efficiency	업무 효율을 높이다
27	It has an influence on us.	그것은 우리에게 영향을 미친다.
28	by having better business efficiency	업무 효율 향상을 통해
29	It doesn't work.	효과가 없다.
30	how effective it is to work separately	분업하는 것이 얼마나 효과적인지

01	make a report / write a report 보고서를 작성하다
02	report it to my boss 그것을 상사에게 보고하다
03	submit it by email 그것을 메일로 제출하다
04	keep updated on the issue 그 사안에 대해 지속적으로 업데이트하다
05	The report is about ~ 그 보고서는 ~에 관한 것이다
06	brief my boss on the deal 상사에게 그 건에 대해 브리핑하다
07	explain the company policies 회사 방침을 설명하다
08	present it to the audience 청중에게 그것을 발표하다
09	demonstrate our new product 우리 신제품을 시연하다
10	meet him face to face 그 남자를 직접 만나다
11	explain the rules in detail 규정을 자세히 설명하다
12	submit / receive a report 보고서를 제출하다 / 받다
13	demonstrate our pride 우리 자부심을 보여주다
14	explain the rules to me 내게 규정을 설명하다
15	report to my boss 상사에게 보고하다
16	submit it in person 그것을 직접 제출하다
17	make a presentation 프레젠테이션을 하다
18	demonstrate my knowledge 내 지식을 보여주다
19	keep me posted on the issue 그 사안에 대해 내게 지속적으로 보고하다
20	demonstrate our documents 우리 문서를 보여주다
21	demonstrate our new product 우리 신제품을 시연하다
22	submit it in person 그것을 직접 제출하다
23	keep updated on the issue 그 사안에 대해 지속적으로 업데이트하다
24	make a report / write a report 보고서를 작성하다
25	report it to my boss 그것을 상사에게 보고하다
26	meet him face to face 그 남자를 직접 만나다
27	brief my boss on the deal 상사에게 그 건에 대해 브리핑하다
28	make a presentation 프레젠테이션을 하다
29	explain the rules in detail 규정을 자세히 설명하다
30	The report is about ~ 그 보고서는 ~에 관한 것이다

01	send a text message to him / send him a text message 그 남자에게 문자 보내다
02	forward a message 메시지를 전달하다
03	get a text message from him 그 남자에게서 문자를 받다
04	take a message 메시지를 받아두다
05	call back 다시 전화를 하다
06	get a call from him 그 남자에게서 전화를 받다
07	send text messages 문자를 보내다
08	call him / phone him 그 남자에게 전화하다
09	leave a message 메시지를 남기다
10	text him 그 남자에게 문자 보내다
11	get a text message 문자를 받다
12	give him a call 그 남자에게 전화하다
13	get a call 전화를 받다
14	miss the call 그 전화를 못 받다
15	reply to the message 답문을 보내다
16	return her call (그 여자의 부재중 전화에) 응답 전화하다
17	get text messages 문자를 받다 (여러 통)
18	make a call to him 그 남자에게 전화하다
19	She called me when I was away. 내가 자리에 없을 때 그 여자가 전화했다.
20	get back to you later 나중에 연락하다
21	give him a call 그 남자에게 전화하다
22	leave a message 메시지를 남기다
23	get a text message from him 그 남자에게서 문자를 받다
24	reply to the message 답문을 보내다
25	get back to you later 나중에 연락하다
26	get a call from him 그 남자에게서 전화를 받다
27	call back 다시 전화를 하다
28	send a text message to him / send him a text message 그 남자에게 문자 보내다
29	She called me when I was away. 내가 자리에 없을 때 그 여자가 전화했다.
30	return her call (그 여자의 부재중 전화에) 응답 전화하다

01	by email 이메일로
02	send an email 이메일을 보내다
03	send emails 이메일을 보내다 (여러 통)
04	write an email 이메일을 쓰다
05	get an email 이메일을 받다
06	get emails 이메일을 받다 (여러 통)
07	open an email 이메일을 열다
08	read an email 이메일을 읽다
09	reply to his email 그 남자의 이메일에 답장하다
10	attach a file 파일을 첨부하다
11	email me 내게 이메일을 보내다
12	I am responding to your email dated May 1. 5월 1일에 보낸 이메일에 대해 답장 보낸다.
13	email me the file 내게 그 파일을 이메일로 보내다
14	open the attachment 첨부파일을 열다
15	send an email to me / send me an email 내게 이메일을 보내다
16	view the document 문서를 보다
17	send the report by email 이메일로 보고서를 보내다
18	write an email to him 그 남자에게 이메일을 쓰다
19	get an email from him 그 남자에게서 이메일을 받다
20	forward his email to you 그 남자의 이메일을 전달하다
21	open an email 이메일을 열다
22	attach a file 파일을 첨부하다
23	by email 이메일로
24	send the report by email 이메일로 보고서를 보내다
25	send an email 이메일을 보내다
26	get emails 이메일을 받다 (여러 통)
27	open the attachment 첨부파일을 열다
28	reply to his email 그 남자의 이메일에 답장하다
29	get an email from him 그 남자에게서 이메일을 받다
30	I am responding to your email dated May 1. 5월 1일에 보낸 이메일에 대해 답장 보낸다.

01	I'm satisfied with the result. 결과에 만족한다.
02	The result is satisfactory. 결과는 만족스럽다.
03	The result is disappointing. 결과는 실망스럽다.
04	disappoint my boss 상사를 실망시키다
05	fail to satisfy my boss 상사를 만족시키지 못하다
06	I was disappointed in you. 너에게 실망했다.
07	Customer satisfaction is very important for our company. 고객 만족이 우리 회사에 아주 중요하다.
08	It satisfied me. 그것은 나를 만족시켰다.
09	It was a disappointment. 그것은 실망이었다.
10	Your product is less than satisfactory. 귀사의 제품은 만족스럽다고 할 수 없다.
11	I was satisfied with it. 그것에 만족했다.
12	I was disappointed with it. 그것에 실망했다.
13	satisfy our customers 우리 고객을 만족시키다
14	disappoint our customers 우리 고객을 실망시키다
15	fail to satisfy their needs 그들의 니즈를 충족시키지 못하다
16	I was disappointed. 실망했다.
17	He's a disappointment. 그 사람 실망이다.
18	Customer satisfaction is the top priority. 고객 만족이 가장 급선무다.
19	satisfy the requirements 요구조건을 만족시키다
20	customer satisfaction 고객 만족
21	I was disappointed in you. 너에게 실망했다.
22	I'm satisfied with the result. 결과에 만족한다.
23	I was disappointed with it. 그것에 실망했다.
24	Your product is less than satisfactory. 귀사의 제품은 만족스럽다고 할 수 없다.
25	satisfy our customers 우리 고객을 만족시키다
26	fail to satisfy their needs 그들의 니즈를 충족시키지 못하다
27	He's a disappointment. 그 사람 실망이다.
28	Customer satisfaction is very important for our company. 고객 만족이 우리 회사에 아주 중요하다.
29	disappoint my boss 상사를 실망시키다
30	It satisfied me. 그것은 나를 만족시켰다.

01	I'm grateful for his help. 그 남자의 도움에 감사를 느낀다.
02	compliment him for his work 그 남자의 업무에 대해 칭찬하나
03	reject the plan 그 기획안을 거절하다
04	get advance approval 사전 승인을 받다
05	get it confirmed 컨펌을 받다, 확인을 받다
06	appreciate your dedication 당신의 기여에 감사하다
07	I'm grateful to him for his help. 도움에 대해 그 남자에게 감사를 느낀다.
08	approve the proposal 그 제안서를 승인하다[결제하다]
09	reprimand him for his mistake 그 남자의 실수에 대해 질책하다
10	reject the offer 그 제의를 거절하다
11	I appreciate his help. 그 남자의 도움에 감사하다.
12	evaluate his performance 그 남자의 업무수행을 평가하다
13	confirm a reservation 예약을 확인하다
14	recognize him for his work 그 남자가 한 일에 대해 인정하다
15	get approval 승인을 받다, 결제를 받다
16	I thank him for his help. 도움에 대해 그 남자에게 감사하다.
17	give a good performance review 고과를 잘 주다
18	appreciate your achievements 당신의 업적에 감사하다
19	hold him responsible for his mistake 그 남자의 실수에 대해 책임을 지우다
20	I'm grateful to him. 그 남자에게 감사를 느낀다.
21	give a good performance review 고과를 잘 주다
22	reprimand him for his mistake 그 남자의 실수에 대해 질책하다
23	approve the proposal 그 제안서를 승인하다[결제하다]
24	reject the plan 그 기획안을 거절하다
25	evaluate his performance 그 남자의 업무수행을 평가하다
26	confirm a reservation 예약을 확인하다
27	I thank him for his help. 도움에 대해 그 남자에게 감사하다.
28	get approval 승인을 받다, 결제를 받다
29	recognize him for his work 그 남자가 한 일에 대해 인정하다
30	I'm grateful for his help. 그 남자의 도움에 감사를 느낀다.

01	My monthly salary is 3 million won. 월급은 3백만 원이다.
02	get paid on the 25th 25일에 급여를 받는다
03	Our profit was over 200 million won. 우리 이익은 2억 원이 넘었다.
04	grow the company 회사를 성장시키다
05	make things better 상황을 더 낫게 만들다
06	get a bonus 보너스를 받다
07	My yearly salary is 40 million won. 연봉은 4천만 원이다.
08	grow our sales 매출을 신장시키다
09	Our sales increased 10% last year. 우리 매출(액)은 지난해 10% 증가했다.
10	get an incentive 인센티브를 받다
11	enhance his performance 그 남자의 업무 능력을 강화시키다
12	a daily allowance of 50,000 won 5만원의 일일 경비
13	My hourly pay is 8,000 won. 시급은 8천 원이다.
14	Our sales decreased 10% last year. 우리 매출(액)은 지난해 10% 감소했다.
15	make things worse 상황을 더 악화시키다
16	Our revenue was over 2 billion won. 우리 수입은 20억 원이 넘었다.
17	get reimbursed for the expenses 경비 처리받다
18	grow their abilities 그 사람들의 능력을 키우다
19	Our sales last year were over 2 billion won. 지난해 매출(액)은 20억 원이 넘었다.
20	improve their skills 그 사람들의 실력을 향상시키다
21	get a raise 급여를 인상받다
22	travel expenses 출장 경비
23	get paid on the 25th 25일에 급여를 받는다
24	grow our sales 매출을 신장시키다
25	get a raise 급여를 인상받다
26	improve their skills 그 사람들의 실력을 향상시키다
27	My hourly pay is 8,000 won. 시급은 8천 원이다.
28	Our profit was over 200 million won. 우리 이익은 2억 원이 넘었다.
29	Our sales decreased 10% last year. 우리 매출(액)은 지난해 10% 감소했다.
30	Our sales last year were over 2 billion won. 지난해 매출(액)은 20억 원이 넘었다.

01	first thing in the morning 열일 제쳐두고 아침에 맨 먼저
02	ahead of schedule 예정보다 빨리
03	I will deal with it first. 먼저 처리하겠다.
04	better than I thought 내가 생각한 것보다 더 나은
05	I was late for the meeting. 회의에 늦었다.
06	I arrived late. 늦게 도착했다.
07	I was 10 minutes late for the meeting. 회의에 10분 늦었다.
08	later than originally scheduled 원래 잡힌 일정보다 늦게
09	worse than I expected 내가 예상한 것보다 더 나쁜
10	I arrived early. 일찍 도착했다.
11	I arrived early for the meeting. 회의에 일찍 도착했다.
12	I arrived 10 minutes early for the meeting. 회의에 10분 먼저 도착했다.
13	earlier than originally scheduled 원래 잡힌 일정보다 빨리
14	better than I expected 내가 예상한 것보다 더 나은
15	It's taking longer than I expected. 예상보다 오래 걸린다.
16	behind schedule 예정보다 늦게
17	worse than I thought 내가 생각한 것보다 더 나쁜
18	It's going to take a while. 시간이 좀 걸릴 것이다.
19	I will deal with it later. 나중에 처리하겠다.
20	as soon as possible 가능한 빨리, 최대한 빨리
21	ahead of schedule 예정보다 빨리
22	I will deal with it later. 나중에 처리하겠다.
23	I was late for the meeting. 회의에 늦었다.
24	It's going to take a while. 시간이 좀 걸릴 것이다.
25	first thing in the morning 열일 제쳐두고 아침에 맨 먼저
26	It's taking longer than I expected. 예상보다 오래 걸린다.
27	earlier than originally scheduled 원래 잡힌 일정보다 빨리
28	behind schedule 예정보다 늦게
29	worse than I expected 내가 예상한 것보다 더 나쁜
30	I arrived 10 minutes early for the meeting. 회의에 10분 먼저 도착했다.

01	during business hours 영업시간 동안
02	for two months 2개월 동안
03	during the presentation 발표 동안
04	in the third quarter = in Q3 3/4 분기에
05	for the first half of the year 상반기 동안
06	during working hours 근무시간 동안
07	in the first quarter = in Q1 1/4분기에
08	for the second half of the year 하반기 동안
09	during the trip 출장 동안
10	during the meeting 회의 동안
11	for three weeks 3주 동안
12	during the break 쉬는 시간 동안
13	in the fourth quarter = in Q4 4/4 분기에
14	for the rest of the year 남은 해 동안
15	during the session 그 시간 동안
16	for 10 hours / for 30 minutes 10시간 동안 / 30분 동안
17	in the second quarter = in Q2 2/4 분기에
18	during the vacation 휴가 동안
19	for one year 1년 동안
20	for one and a half years 1년 반 동안
21	in the first quarter = in Q1 1/4분기에
22	for the rest of the year 남은 해 동안
23	during the vacation 휴가 동안
24	for the first half of the year 상반기 동안
25	during the presentation 발표 동안
26	for one and a half years 1년 반 동안
27	during business hours 영업시간 동안
28	for three weeks 3주 동안
29	in the third quarter = in Q3 3/4 분기에
30	for two months 2개월 동안

01	next month 다음달	
02	for the whole day 하루 종일	
03	over the weekend 주말 동안, 주말에 걸쳐	
04	around the clock 24시간 내내	
05	this year 올해	
06	during the day 낮 동안	
07	from time to time / sometimes 가끔씩	
08	last month 지난달	
09	during the week 그 주 동안	
10	all the time 항상	
11	this morning 오늘 아침	
12	from Monday to Friday 월요일부터 금요일까지	
13	all day long 하루 종일	
14	last year 지난해, 작년	
15	for the whole week 일주일 내내	
16	24/7 일주일 내내 한시도 빠짐없이	
17	this month 이번 달	
18	on weekdays 평일에	
19	next year 내년	
20	on weekends 주말마다	
21	all the time 항상	
22	on weekdays 평일에	
23	all day long 하루 종일	
24	on the weekends 주말마다	
25	around the clock 24시간 내내	
26	from time to time / sometimes 가끔씩	
27	from Monday to Friday 월요일부터 금요일까지	
28	this morning 오늘 아침	
29	last year 지난해, 작년	
30	next month 다음달	

눈뭉치가 단단하게 잘 만들어졌나요?
그럼 이제 OUTPUT으로 가셔도 좋습니다.

직 장 인 을 위 한
1 분 영 어 말 하 기

OUTPUT

말하라!

이제 당신은 네이티브처럼 말하게 된다!

앞에서 익힌 핵심 표현들을 섞어서 1분 동안 영어로 말해 보는 연습을 할 거예요. 1분이란 시간이 너무 길다고요? 걱정 마세요. 스토리의 문장들은 앞에서 배운 표현들로 채워져 있답니다. 자, Way to go!

1분 영어 말하기

출퇴근

1분 말하기 : **INPUT** Day 2 + Day 30

🎧 Out 01-1

STEP 1 우리말 보면서 듣기 🎧 〉

01	나는 매일 아침 8시 30분에 출근하러 집을 나섭니다.
02	주로 지하철을 타고 출근하죠.
03	이따금, 버스로 출근하기도 합니다.
04	출퇴근은 30분 정도 걸립니다.
05	회사에 9시까지는 출근해야 하죠.
06	오늘 아침엔 지각했습니다.
07	오늘밤은 늦게 퇴근해야 할 것 같네요.
08	초과 근무를 하는 걸 좋아하지 않는데 말이죠.
09	야근을 하면 집에 너무 늦게 가게 됩니다.

INPUT에서 배운 표현을 활용해서 출퇴근에 대해 1분 동안 영어로 말해 보세요. 처음에는 제시된 표현으로 말하고 익숙해지면 여러분이 응용해서 말해 봅니다. 표현이 잘 떠오르지 않아 답답하더라도 답을 보기 전에 INPUT에서 해당 표현을 찾아 확인해 보세요.

스피킹 훈련 MP3

제한시간 | 1분(문장당 5초 내외)

STEP 2　한 문장씩 말하기 😄

🔊　I _____ every morning at 8:30.

🔊　I usually _____.

🔊　Sometimes, I _____.

🔊　My _____ 30 minutes.

🔊　I have to _____ the _____ 9.

🔊　This morning I was _____.

🔊　I might _____ tonight.

🔊　I don't like to _____.

🔊　I _____ very late when I _____.

▶ 정답은 p.301을 확인하세요.

I _____ every morning at 8:30. I usually

_____ . Sometimes, I _____

_____ . My _____ 30 minutes. I

have to _____ the _____ 9. This morning I

was _____ . I might _____

_____ tonight. I don't like to _____ . I _____

very late when I _____ .

▶ 정답은 p.301을 확인하세요.

나는 매일 아침 8시 30분에 출근하러 집을 나섭니다. 주로 지하철을 타

고 출근하죠. 이따금, 버스로 출근하기도 합니다. 출퇴근은 30분 정도

걸립니다. 회사에 9시까지는 출근해야 하죠. 오늘 아침엔 지각했습니

다. 오늘밤은 늦게 퇴근해야 할 것 같네요. 초과 근무를 하는 걸 좋아하

지 않는데 말이죠. 야근을 하면 집에 너무 늦게 가게 됩니다.

1분 영어 말하기

나의 직장

1분 말하기 : **INPUT** Day 1 + Day 5 + Day 27

🎧 **Out** 02-1

STEP 1　우리말 보면서 듣기 🎧　　　　　　　　　　　　　　　　　　〉

01	저는 NS 모터스에서 일합니다.
02	이 회사에는 100명이 넘는 직원이 있죠.
03	저는 작년에 입사했습니다.
04	영업사원입니다.
05	이 분야에 경력 5년차이죠.
06	예전엔 AB 테크에 있었는데, 거기서 5년 넘게 일했어요.
07	제 연봉은 4천만원입니다.
08	빨리 승진하면 좋겠네요.

INPUT에서 배운 표현을 활용해서 나의 직장에 대해 1분 동안 영어로 말해 보세요. 처음에는 제시된 표현으로 말하고 익숙해지면 여러분이 응용해서 말해 봅니다. 표현이 잘 떠오르지 않아 답답하더라도 답을 보기 전에 INPUT에서 해당 표현을 찾아 확인해 보세요.

제한시간 | 1분(문장당 5초 내외)

STEP 2 한 문장씩 말하기 😄

◀) I _____ NS Motors.

◀) The company _____ 100 _____.

◀) I _____ the _____ last year.

◀) I'm a _____.

◀) I _____ 5 _____ in this field.

◀) I used to be _____ AB Tech, where I _____ 5 years.

◀) My _____ is 40 _____ won.

◀) I hope to _____ soon.

▶ 정답은 p.301을 확인하세요.

I _____ _____ NS Motors. The company _____ _____ 100 _____ . I _____ the _____ last year. I'm a _____ _____ . I _____ 5 _____ _____ _____ in this field. I used to be _____ AB Tech, where I _____ _____ _____ 5 years. My _____ _____ is 40 _____ won. I hope to _____ _____ soon.

▶ 정답은 p.301을 확인하세요.

저는 NS 모터스에서 일합니다. 이 회사에는 100명이 넘는 직원이 있

죠. 저는 작년에 입사했습니다. 영업사원입니다. 이 분야에 경력 5년차

이죠. 예전엔 AB 테크에 있었는데, 거기서 5년 넘게 일했어요. 제 연봉

은 4천만원입니다. 빨리 승진하면 좋겠네요.

1분 말하기 : **INPUT** Day 1 + Day 4 + Day 14

🎧 **Out** 03-1

STEP 1 우리말 보면서 듣기 🎧 　　　　　　　　　　　　　〉

01	우리 회사는 새로운 회계사를 채용하기로 결정했습니다.
02	나는 그 지원자 면접을 담당하고 있죠.
03	이 자리에 대한 지원서를 많이 받았습니다.
04	각 지원자를 인터뷰하기 전에 나는 이력서를 검토합니다.
05	오늘 다른 면접관 두 분과 함께 많은 지원자들의 면접을 봤습니다.
06	한 여성이 이 자리에 딱 적격이었죠.
07	우리는 그 여자에게 이 자리를 제안하게 될 것 같습니다.
08	나는 그 여자가 회사에 합류하기를 희망합니다.

INPUT에서 배운 표현을 활용해서 채용 담당 업무에 대해 1분 동안 영어로 말해 보세요. 처음에는 제시된 표현으로 말하고 익숙해지면 여러분이 응용해서 말해 봅니다. 표현이 잘 떠오르지 않아 답답하더라도 답을 보기 전에 INPUT에서 해당 표현을 찾아 확인해 보세요.

스피킹 훈련 MP3

제한시간 | 1분(문장당 5초 내외)

STEP 2 한 문장씩 말하기 😊

🔊 My company has _____ a new _____.

🔊 I am _____ the _____.

🔊 I _____ many _____ for the job.

🔊 Before interviewing each _____, I _____ their _____.

🔊 Today, two other _____ and I _____ many _____.

🔊 One woman was very _____.

🔊 I think we will _____ her _____.

🔊 I _____ she will _____.

▶ 정답은 p.301을 확인하세요.

My company has _____ a new _____. I am

_____ the _____. I _____ many

_____ for the job. Before interviewing each _____, I _____

their _____. Today, two other _____ and I _____ many

_____. One woman was very _____.

I think we will _____ her _____. I _____ she will

_____.

▶ 정답은 p.301을 확인하세요.

STEP 4 1분 동안 영어로 말하기

우리 회사는 새로운 회계사를 채용하기로 결정했습니다. 나는 그 지원

자 면접을 담당하고 있죠. 이 자리에 대한 지원서를 많이 받았습니다.

각 지원자를 인터뷰하기 전에 나는 이력서를 검토합니다. 오늘 다른 면

접관 두 분과 함께 많은 지원자들의 면접을 봤습니다. 한 여성이 이 자

리에 딱 적격이었죠. 우리는 그 여자에게 이 자리를 제안하게 될 것 같

습니다. 나는 그 여자가 회사에 합류하기를 희망합니다.

1분 영어 말하기

DAY
04
OUTPUT

신제품 출시 1

훈련한 날짜
소요시간   분

1분 말하기 : **INPUT** Day 6 + Day 7 + Day 25 + Day 30

🎧 Out 04-1

STEP 1 우리말 보면서 듣기 🎧

01	우리 회사는 올해 목표를 세웠습니다.
02	우리는 신제품을 출시했죠.
03	이 제품을 통해 우리는 매출 20% 증가를 희망하고 있었습니다.
04	불행히도 우리는 목표를 달성하지 못했어요.
05	우리 제품을 좀 더 많은 사람들에게 알리는 것이 어렵네요.
06	우리는 새로운 아이디어를 생각해낼 필요가 있습니다.
07	우리는 경험과 실력이 부족한 것 같습니다.
08	회사는 우리 제품을 판촉하기 위해 더 나은 일을 해야 합니다.
09	어쩌면 우리를 도와줄 새로운 누군가를 찾아야 할지도 모르겠네요.

INPUT에서 배운 표현을 활용해서 신제품 출시에 대해 1분 동안 영어로 말해 보세요. 처음에는 제시된 표현으로 말하고 익숙해지면 여러분이 응용해서 말해 봅니다. 표현이 잘 떠오르지 않아 답답하더라도 답을 보기 전에 INPUT에서 해당 표현을 찾아 확인해 보세요.

스피킹 훈련 MP3

제한시간 | 1분(문장당 5초 내외)

STEP 2 한 문장씩 말하기 😊

🔊 Our company _____ this year.

🔊 We _____ a _____.

🔊 With this _____, we were hoping to _____ our _____ 20%.

🔊 Unfortunately, we _____ reach _____.

🔊 It is difficult _____ more people _____ our _____.

🔊 We need to _____ a new _____.

🔊 I think we _____ and _____.

🔊 Our company should do a better job to _____ our _____.

🔊 Maybe we need to _____ someone _____ to help us.

▶ 정답은 p.301을 확인하세요.

Our company ＿＿＿＿＿＿＿＿＿＿＿＿ this year. We ＿＿＿＿ a

＿＿＿＿＿＿＿＿＿＿ . With this ＿＿＿＿＿ , we were hoping to ＿＿＿＿＿

our ＿＿＿＿＿＿＿＿ 20%. Unfortunately, we ＿＿＿＿＿＿＿

reach ＿＿＿＿＿＿＿＿ . It is difficult ＿＿＿＿＿＿＿ more people

＿＿＿＿＿＿＿＿ our ＿＿＿＿＿ . We need to ＿＿＿＿＿＿＿

＿＿＿＿＿ a new ＿＿＿＿＿ . I think we ＿＿＿＿＿＿＿ and ＿＿＿＿＿ .

Our company should do a better job to ＿＿＿＿＿ our ＿＿＿＿＿ . Maybe

we need to ＿＿＿＿ someone ＿＿＿＿ to help us.

우리 회사는 올해 목표를 세웠습니다. 우리는 신제품을 출시했죠. 이 제품을 통해 우리는 매출 20% 증가를 희망하고 있었습니다. 불행히도 우리는 목표를 달성하지 못했어요. 우리 제품을 좀 더 많은 사람들에게 알리는 것이 어렵네요. 우리는 새로운 아이디어를 생각해낼 필요가 있습니다. 우리는 경험과 실력이 부족한 것 같습니다. 회사는 우리 제품을 판촉하기 위해 더 나은 일을 해야 합니다. 어쩌면 우리를 도와줄 새로운 누군가를 찾아야 할지도 모르겠네요.

DAY
05
OUTPUT

1분 영어 말하기
회의 1

훈련한 날짜 　 . 　 .
소요시간 　 　 분

1분 말하기 : **INPUT** Day 7 + Day 10 + Day 20 + Day 27

🎧 Out 05-1

STEP 1 우리말 보면서 듣기 🎧 〉

01	오늘 회사에서 회의를 했습니다.
02	다섯 명이 회의에 참석했죠.
03	회의 안건은 비용 절감을 위한 해결책을 찾는 것이었습니다.
04	지난해 매출액은 20억 원이 넘었습니다.
05	그러나 지난해 매출액은 10% 감소한 것이었죠.
06	우리는 우리의 전략이 안고 있는 문제점을 파악해야만 했습니다.
07	다른 안건도 논의할 게 많았고요.
08	상사는 우리에게 회의 내용을 받아 적어 전부 기록해 두라고 했습니다.

INPUT에서 배운 표현을 활용해서 회의에 대해 1분 동안 영어로 말해 보세요. 처음에는 제시된 표현으로 말하고 익숙해지면 여러분이 응용해서 말해 봅니다. 표현이 잘 떠오르지 않아 답답하더라도 답을 보기 전에 INPUT에서 해당 표현을 찾아 확인해 보세요.

제한시간 | 1분(문장당 5초 내외)

STEP 2 한 문장씩 말하기 😀

🔊 I .... a .... today at work.

🔊 Five people were ....

🔊 The .... of .... was to .... a .... to ....

🔊 Our sales .... were .... won.

🔊 But our sales .... last year.

🔊 We had to .... with our ....

🔊 We .... many other ....

🔊 My boss .... to .... and .... everything ....

I _____ a _____ today at work. Five people were

_____ _____ . The _____ of _____ was to _____

a _____ to _____ . Our sales _____ _____ were

_____ _____ won. But our sales _____ _____

_____ last year. We had to _____ with our _____ . We

_____ many other _____ _____ . My boss _____

_____ to _____ and _____ everything _____

_____ _____ .

▶ 정답은 p.302를 확인하세요.

오늘 회사에서 회의를 했습니다. 다섯 명이 회의에 참석했죠. 회의의 안

건은 비용 절감을 위한 해결책을 찾는 것이었습니다. 지난해 매출액은

20억원이 넘었습니다. 그러나 지난해 매출액은 10% 감소한 것이었죠.

우리는 우리의 전략이 안고 있는 문제점을 파악해야만 했습니다. 다른

안건도 논의할 게 많았고요. 상사는 우리에게 회의 내용을 받아 적어 전

부 기록해 두라고 했습니다.

DAY
06

1분 영어 말하기
인사이동

훈련한 날짜　　　　．　　　．
소요시간　　　　　　　분

1분 말하기 : **INPUT** Day 1 + Day 5 + Day 26

🎧 **Out 06-1**

STEP 1 우리말 보면서 듣기 🎧　　　　　　　　　　　　　　　 〉

01	나는 지난주에 다른 팀으로 바꿨습니다.
02	승진했죠.
03	지금 나는 홍보 과장입니다.
04	Jim Sanders가 이전 과장이었지만 해고됐죠.
05	Jim은 지난주에 팀을 떠났습니다.
06	회사는 Jim이 열심히 한 일에 대해 인정해주지 않았던 것 같습니다.
07	나는 일에 대한 Jim의 노고에 감사했습니다.
08	상사는 나더러 내가 싫다면 다른 부서로 이동해도 된다고 했습니다.

INPUT에서 배운 표현을 활용해서 인사이동에 대해 1분 동안 영어로 말해 보세요. 처음에는 제시된 표현으로 말하고 익숙해지면 여러분이 응용해서 말해 봅니다. 표현이 잘 떠오르지 않아 답답하더라도 답을 보기 전에 INPUT에서 해당 표현을 찾아 확인해 보세요.

제한시간 | 1분(문장당 5초 내외)

STEP 2 한 문장씩 말하기 😊

🔊 I _____ last week.

🔊 I _____ .

🔊 I am a _____ now.

🔊 Jim Sanders was the previous manager but he _____ .

🔊 He _____ last week.

🔊 I don't think they _____ him _____ hard _____ .

🔊 I _____ the job.

🔊 My boss told me if I don't like it I can _____ .

▶ 정답은 p.302를 확인하세요.

I _____ last week. I _____

_____. I am a _____ now. Jim Sanders was the

previous manager but he _____. He _____

_____ last week. I don't think they _____ him

hard _____. I _____ the job. My boss

told me if I don't like it I can _____.

▶ 정답은 p.302를 확인하세요.

나는 지난주에 다른 팀으로 바꿨습니다. 승진했죠. 지금 나는 홍보 과장

입니다. Jim Sanders가 이전 과장이었지만 해고됐죠. Jim은 지난주에

팀을 떠났습니다. 회사는 Jim이 열심히 한 일에 대해 인정해주지 않았

던 것 같습니다. 나는 일에 대한 Jim의 노고에 감사했습니다. 상사는 나

더러 내가 싫다면 다른 부서로 이동해도 된다고 했습니다.

인사고과

훈련한 날짜 . .
소요시간 분

1분 말하기 : **INPUT** Day 25 + Day 26 + Day 27 + Day 28 + Day 30

🎧 Out 07-1

STEP 1 우리말 보면서 듣기 🎧 〉

01	상사가 고과를 잘 주었습니다.
02	내 업무에 대해 칭찬을 해줬죠.
03	지난해 우리 회사 이익은 2억 원이 넘었습니다.
04	그는 내가 보너스를 탈 거라고 했어요.
05	나는 줄곧 급여도 인상되기를 바랐습니다.
06	그는 내게 실력을 향상시킬 필요가 있다고 했어요.
07	실망이 되긴 했지만, 고과는 예상했던 것보다는 괜찮았어요.
08	앞으로 나는 업무 능력을 강화시키고 더 잘할 것입니다.

INPUT에서 배운 표현을 활용해서 인사고과에 대해 1분 동안 영어로 말해 보세요. 처음에는 제시된 표현으로 말하고 익숙해지면 여러분이 응용해서 말해 봅니다. 표현이 잘 떠오르지 않아 답답하더라도 답을 보기 전에 INPUT에서 해당 표현을 찾아 확인해 보세요.

제한시간 | 1분(문장당 5초 내외)

STEP 2 한 문장씩 말하기 😃

◀) My boss _____ me a _____ .

◀) He _____ me _____ .

◀) Our company's _____ was _____ won last year.

◀) He told me I will _____ .

◀) I had hoped to _____ , too.

◀) He told me I _____ to _____ .

◀) I _____ , but the review went _____ .

◀) I will _____ and do _____ in the future.

My boss _____ me a _____. He _____ me

_____. Our company's _____ was _____

_____ won last year. He told me I will _____

_____. I had hoped to _____, too. He told me

I _____ to _____. I _____, but the

review went _____.

I will _____ and do _____ in the future.

▶ 정답은 p.302를 확인하세요.

상사가 고과를 잘 주었습니다. 내 업무에 대해 칭찬을 해줬죠. 지난해

우리 회사 이익은 2억원이 넘었습니다. 그는 내가 보너스를 탈 거라고

했어요. 나는 줄곧 급여도 인상되기를 바랐습니다. 그는 내게 실력을 향

상시킬 필요가 있다고 했어요. 실망이 되긴 했지만, 고과는 예상했던 것

보다는 괜찮았어요. 앞으로 나는 업무 능력을 강화시키고 더 잘할 것입

니다.

1분 영어 말하기
프레젠테이션

1분 말하기 : **INPUT** Day 9 + Day 18 + Day 20 + Day 22 + Day 24

🎧 **Out** 08-1

STEP 1 우리말 보면서 듣기 🎧 〉

01   우리 부서는 프레젠테이션을 앞두고 있습니다.

02   우리는 신제품을 시연할 예정이죠.

03   청중에게 그것을 발표해야 할 것입니다.

04   먼저 이메일로 부장에게 제출할 예정입니다.

05   우리는 시간을 많이 들여 이것에 매진하고 있습니다.

06   동료들은 프레젠테이션에 대해 논쟁하느라 많은 시간을 허비하고 있죠.

07   전념할 시간이 충분치 않은데 말입니다.

08   논의하는 데 시간을 많이 쓰긴 하지만, 이제 프레젠테이션을 발전시킬 때입니다.

INPUT에서 배운 표현을 활용해서 프레젠테이션에 대해 1분 동안 영어로 말해 보세요. 처음에는 제시된 표현으로 말하고 익숙해지면 여러분이 응용해서 말해 봅니다. 표현이 잘 떠오르지 않아 답답하더라도 답을 보기 전에 INPUT에서 해당 표현을 찾아 확인해 보세요.

스피킹 훈련 MP3

제한시간 | 1분(문장당 5초 내외)

STEP 2 한 문장씩 말하기 😋

🔊 My department will _____ a _____ next week.

🔊 We will _____ our _____ _____.

🔊 We will need to _____ the _____.

🔊 We will _____ to my manager _____ _____.

🔊 We are _____ a lot of _____ working on it.

🔊 My coworkers are _____ a lot of _____ about the _____.

🔊 We _____ to _____ it.

🔊 We _____ time _____ it, but now it's time to _____ it.

My department will _____ a _____ next week. We will _____

our _____ . We will need to _____

the _____ . We will _____ to my manager

_____ . We are _____ a lot of _____ working on it. My

coworkers are _____ a lot of _____ about the _____ .

We _____ to _____ it. We

_____ time _____ it, but now it's time

to _____ it.

▶ 정답은 p.302를 확인하세요.

STEP 4 1분 동안 영어로 말하기

우리 부서는 프레젠테이션을 앞두고 있습니다. 우리는 신제품을 시연할 예정이죠. 청중에게 그것을 발표해야 할 것입니다. 먼저 이메일로 부장에게 제출할 예정입니다. 우리는 시간을 많이 들여 이것에 매진하고 있습니다. 동료들은 프레젠테이션에 대해 논쟁하느라 많은 시간을 허비하고 있죠. 전념할 시간이 충분치 않은데 말입니다. 논의하는 데 시간을 많이 쓰긴 하지만, 이제 프레젠테이션을 발전시킬 때입니다.

DAY
09
OUTPUT

1분 영어 말하기
고객 및 거래

훈련한 날짜 .   .
소요시간   분

1분 말하기 : INPUT Day 15 + Day 20 + Day 23 + Day 24 + Day 30

Out 09-1

STEP 1 우리말 보면서 듣기 🎧

01	나는 중요한 고객으로부터 이메일을 기다렸습니다.
02	이틀 전에 그 사람의 마지막 이메일에 대답했더랬죠.
03	그 사람에게 문자메시지를 보내기로 결심했어요.
04	그러자 곧 그 사람한테서 전화가 왔습니다.
05	그 사람은 우리 제품에 관심이 있다고 했어요.
06	나중에 다시 연락주겠다고 하더군요.
07	그 사람과 이야기하는 것은 시간 낭비인 것 같아요.
08	지난달부터 계속 그 사람과 이야기를 나누고 있는 걸요.
09	거래가 언제라도 곧 성사될 거라고 기대하지는 않습니다.

INPUT에서 배운 표현을 활용해서 고객 및 거래에 대해 1분 동안 영어로 말해 보세요. 처음에는 제시된 표현으로 말하고 익숙해지면 여러분이 응용해서 말해 봅니다. 표현이 잘 떠오르지 않아 답답하더라도 답을 보기 전에 INPUT에서 해당 표현을 찾아 확인해 보세요.

제한시간 | 1분(문장당 5초 내외)

STEP 2   한 문장씩 말하기 😃

🔊   I waited for an _____ from an _____.

🔊   I _____ last _____ two days ago.

🔊   I decided to _____ a _____ to him.

🔊   I _____ a _____ him soon after that.

🔊   He said he _____ an _____ our _____.

🔊   He said he would _____ me _____.

🔊   I think it's _____ talking with him.

🔊   I have been _____ since _____.

🔊   I don't _____ to _____ anytime soon.

▶ 정답은 p.303을 확인하세요.

I waited for an _____ from an _____ _____ . I _____

_____ last _____ two days ago. I decided to _____ a _____

_____ to him. I _____ a _____ _____ him soon after that. He

said he _____ an _____ _____ our _____ . He said he would

_____ _____ me _____ . I think it's _____

_____ _____ talking with him. I have been _____ _____

_____ since _____ _____ . I don't _____ to _____

_____ anytime soon.

▶ 정답은 p.303을 확인하세요.

나는 중요한 고객으로부터 이메일을 기다렸습니다. 이틀 전에 그 사람의 마지막 이메일에 대답했더랬죠. 그 사람에게 문자메시지를 보내기로 결심했어요. 그러자 곧 그 사람한테서 전화가 왔습니다. 그 사람은 우리 제품에 관심이 있다고 했어요. 나중에 다시 연락주겠다고 하더군요. 그 사람과 이야기하는 것은 시간 낭비인 것 같아요. 지난달부터 계속 그 사람과 이야기를 나누고 있는 걸요. 거래가 언제라도 곧 성사될 거라고 기대하지는 않습니다.

1분 말하기 : **INPUT** Day 3 + Day 8 + Day 9 + Day 27 + Day 30

🎧 **Out** 10-1

STEP 1 우리말 보면서 듣기 🎧 〉

01	다음주에 중국으로 출장을 갈 예정입니다.
02	월요일부터 금요일까지 갈 겁니다.
03	출장 경비가 많이 들죠.
04	출장비에 대해서는 경비 처리될 거라고 들었어요.
05	또한 일일 경비로 5만원을 받게 되죠.
06	그곳에 있는 동안 이틀 휴가를 신청했습니다.
07	매일 오후 3시부터 시작되는 교육이 있을 거예요.
08	나는 출장을 좋아하고 심지어 해외에서 일할 용의까지 있습니다.

INPUT에서 배운 표현을 활용해서 출장에 대해 1분 동안 영어로 말해 보세요. 처음에는 제시된 표현으로 말하고 익숙해지면 여러분이 응용해서 말해 봅니다. 표현이 잘 떠오르지 않아 답답하더라도 답을 보기 전에 INPUT에서 해당 표현을 찾아 확인해 보세요.

스피킹 훈련 MP3

제한시간 | 1분(문장당 5초 내외)

STEP 2 한 문장씩 말하기 😊

🔊 I will _____ trip _____ China next week.

🔊 I will go _____.

🔊 There are a lot of _____.

🔊 I _____ I will be _____ the _____.

🔊 I will also get a _____ 50,000 won.

🔊 I _____ to _____ two _____ while I'm there.

🔊 There will be _____ that _____ 3 p.m. every day.

🔊 I like _____ and am even _____ to _____.

▶ 정답은 p.303을 확인하세요.

I will _____ trip _____ China next week. I will go _____. There are a lot of _____. I _____ I will be _____ the _____. I will also get a _____ 50,000 won. I _____ to _____ two _____ while I'm there. There will be _____ that _____ 3 p.m. every day. I like _____ and am even _____ to _____.

▶ 정답은 p.303을 확인하세요.

다음주에 중국으로 출장을 갈 예정입니다. 월요일부터 금요일까지 갈

겁니다. 출장 경비가 많이 들죠. 출장비에 대해서는 경비 처리될 거라고

들었어요. 또한 일일 경비로 5만원을 받게 되죠. 그곳에 있는 동안 이틀

휴가를 신청했습니다. 매일 오후 3시부터 시작되는 교육이 있을 거예

요. 나는 출장을 좋아하고 심지어 해외에서 일할 용의까지 있습니다.

DAY 11 OUTPUT

세미나

1분 말하기 : **INPUT** Day 15 + Day 16 + Day 18 + Day 25 + Day 29

🎧 Out 11-1

STEP 1 우리말 보면서 듣기 🎧

01	나는 우리 팀에게 세미나에 참석하도록 권했습니다.
02	우리 부장은 나도 세미나에 참석하라는 뜻을 비쳤죠.
03	최고 경영자가 우리 초청 연사였습니다.
04	그녀는 우리 회사가 10가지 급선무를 안고 있으며, 바로 고객 만족이 최우선이 되어야 한다고 했습니다.
05	우리는 늘 고객을 실망시키지 않기 위해 우리의 할 일을 이행해야 합니다.
06	고객을 만족시킨다면 우리는 많은 성공을 기대할 수 있다고 그녀는 설명했죠.
07	그녀는 우리 회사에 큰 기대를 걸고 있습니다.
08	30분 동안 이야기를 했죠.

INPUT에서 배운 표현을 활용해서 세미나에 대해 1분 동안 영어로 말해 보세요. 처음에는 제시된 표현으로 말하고 익숙해지면 여러분이 응용해서 말해 봅니다. 표현이 잘 떠오르지 않아 답답하더라도 답을 보기 전에 INPUT에서 해당 표현을 찾아 확인해 보세요.

스피킹 훈련 MP3

제한시간 | 1분(문장당 5초 내외)

STEP 2 한 문장씩 말하기 😄

🔊 I _____ that my team _____ a _____ .

🔊 My manager _____ that I _____ the _____ , too.

🔊 The CEO was our _____ _____ .

🔊 She said our company _____ _____ , and that _____ _____ should be the _____ _____ .

🔊 We should always _____ our _____ so we don't _____ our _____ .

🔊 She explained that if we _____ our customers, we can _____ a lot of _____ .

🔊 She _____ _____ for our company.

🔊 She spoke _____ _____ .

▶ 정답은 p.303을 확인하세요.

221

I _____ that my team _____ a _____ . My manager _____

that I _____ the _____ , too. The CEO was our _____ .

She said our company _____ , and that _____

_____ should be the _____ . We should always _____

our _____ so we don't _____ our _____ . She explained that

if we _____ our customers, we can _____ a lot of _____ . She

_____ for our company. She spoke _____

_____ .

▶ 정답은 p.303을 확인하세요.

나는 우리 팀에게 세미나에 참석하도록 권했습니다. 우리 부장은 나도 세미나에 참석하라는 뜻을 비쳤죠. 최고 경영자가 우리 초청 연사였습니다. 그녀는 우리 회사가 10가지 급선무를 안고 있으며, 바로 고객 만족이 최우선이 되어야 한다고 했습니다. 우리는 늘 고객을 실망시키지 않기 위해 우리의 할 일을 이행해야 합니다. 고객을 만족시킨다면 우리는 많은 성공을 기대할 수 있다고 그녀는 설명했죠. 그녀는 우리 회사에 큰 기대를 걸고 있습니다. 30분 동안 이야기를 했죠.

DAY 12
OUTPUT

회의 2

1분 말하기 : **INPUT** Day 7 + Day 8 + Day 11 + Day 15 + Day 20 + Day 23 + Day 28 + Day 30

🎧 **Out** 12-1

STEP 1 우리말 보면서 듣기 🎧 〉

01	오늘 아침에 비즈니스 파트너와 회의를 잡았습니다.
02	회의실을 예약했죠.
03	난 회의에 10분 일찍 도착했습니다.
04	그 비즈니스 파트너는 늦었죠.
05	그 사람에게 회의를 취소해야 할지 물었어요.
06	다음주 월요일로 회의를 다시 잡자고 하더군요.
07	그날은 내가 시간이 없습니다.
08	그러면 그 사람이 내게 회의를 1시간 늦추자고 문자 메시지를 보냈습니다.
09	나는 괜찮다고 말하긴 했지만, 일찍 자리를 떠야 하게 생겼어요.
10	그 사람이 제시간에 도착하리라 생각합니다.

INPUT에서 배운 표현을 활용해서 또 다른 회의에 대해 1분 동안 영어로 말해 보세요. 처음에는 제시된 표현으로 말하고 익숙해지면 여러분이 응용해서 말해 봅니다. 표현이 잘 떠오르지 않아 답답하더라도 답을 보기 전에 INPUT에서 해당 표현을 찾아 확인해 보세요.

스피킹 훈련 MP3

제한시간 | 1분(문장당 5초 내외)

STEP 2 한 문장씩 말하기

🔊 I .... with a business partner this morning.

🔊 I .... a ....

🔊 I .... for the meeting.

🔊 The business partner ....

🔊 I .... if we should ....

🔊 He said to .... for next Monday.

🔊 I .... on that day.

🔊 Then he .... a .... to .... the meeting .... an hour.

🔊 I said okay but I would have to ....

🔊 I expect .... to make it ....

▶ 정답은 p.303을 확인하세요.

STEP 3 들으면서 따라 말하기 😊 〉

I ＿＿＿＿＿＿＿＿＿＿ with a business partner this morning. I

＿＿＿＿＿ a ＿＿＿＿＿ . I ＿＿＿＿＿＿＿＿＿＿＿

for the meeting. The business partner ＿＿＿＿＿ . I ＿＿＿＿

＿＿＿＿ if we should ＿＿＿＿＿＿＿ . He said to ＿＿＿

＿＿＿＿＿ for next Monday. I ＿＿＿＿＿＿＿＿ on

that day. Then he ＿＿＿＿＿ a ＿＿＿＿＿ to ＿＿＿

the meeting ＿＿＿ an hour. I said okay but I would have to ＿＿

＿＿＿ . I expect ＿＿＿ to make it ＿＿＿＿＿ .

▶ 정답은 p.303을 확인하세요.

오늘 아침에 비즈니스 파트너와 회의를 잡았습니다. 회의실을 예약했

죠. 난 회의에 10분 일찍 도착했습니다. 그 비즈니스 파트너는 늦었죠.

그 사람에게 회의를 취소해야 할지 물었어요. 다음주 월요일로 회의를

다시 잡자고 하더군요. 그날은 내가 시간이 없습니다. 그러면 그 사람이

내게 회의를 1시간 늦추자고 문자 메시지를 보냈습니다. 나는 괜찮다고

말하긴 했지만, 일찍 자리를 떠야 하게 생겼어요. 그 사람이 제시간에

도착하리라 생각합니다.

1분 말하기 : **INPUT** Day 6 + Day 10 + Day 12 + Day 16 + Day 17 + Day 21 + Day 29

🎧 Out 13-1

STEP 1 우리말 보면서 듣기 🎧 ＞

01	회의에서 나는 마케팅 전략 계획을 논의했습니다.
02	마케팅 관점에서 생각하는 것에 대해 이야기했죠.
03	우리는 사람들에게 우리 제품을 알릴 수 있는 전략을 실행해야 한다고 생각합니다.
04	우리는 광고를 통해 우리 제품을 판촉하는 데 주력할 필요가 있죠.
05	광고는 매우 효과적일 수 있다고 생각합니다.
06	실현 가능성 면에서 이 계획은 효과가 있을 것이라고 생각해요.
07	아무도 내 의견에 반대하지 않았습니다.
08	우리 부장은 이 계획을 추진하겠다고 했죠.
09	사장은 3월 2일까지 이것을 끝내라고 했습니다.
10	나는 가능한 빨리 모든 것을 준비해놓을 것입니다.

INPUT에서 배운 표현을 활용해서 또 다른 회의에 대해 1분 동안 영어로 말해 보세요. 처음에는 제시된 표현으로 말하고 익숙해지면 여러분이 응용해서 말해 봅니다. 표현이 잘 떠오르지 않아 답답하더라도 답을 보기 전에 INPUT에서 해당 표현을 찾아 확인해 보세요.

제한시간 | 1분(문장당 5초 내외)

STEP 2 한 문장씩 말하기 😐

🔊 I _____ some _____ plans _____ a _____.

🔊 I _____ thinking _____ marketing.

🔊 I think we should _____ a _____ to _____ of our product.

🔊 We need to _____ on _____ through advertising.

🔊 I think our _____ could be very _____.

🔊 _____, I think the plan will _____.

🔊 No one _____.

🔊 My manager said to _____ the _____.

🔊 My boss said to get it _____.

🔊 I will get everything _____ as _____.

▶ 정답은 p.304를 확인하세요.

229

I _____ some _____ plans _____ a _____ . I

_____ _____ thinking

marketing. I think we should _____ a _____ to

_____ of our product. We need to _____ on _____

_____ through advertising. I think our _____ could be very

_____ . _____ , I think the plan will

_____ . No one _____ _____ . My manager said

to _____ the _____ . My boss said to get it _____

_____ . I will get everything _____ as

_____ .

▶ 정답은 p.304를 확인하세요.

회의에서 나는 마케팅 전략 계획을 논의했습니다. 마케팅 관점에서 생

각하는 것에 대해 이야기했죠. 우리는 사람들에게 우리 제품을 알릴 수

있는 전략을 실행해야 한다고 생각합니다. 우리는 광고를 통해 우리 제

품을 판촉하는 데 주력할 필요가 있죠. 광고는 매우 효과적일 수 있다

고 생각합니다. 실현 가능성 면에서 이 계획은 효과가 있을 것이라고 생

각해요. 아무도 내 의견에 반대하지 않았습니다. 우리 부장은 이 계획을

추진하겠다고 했죠. 사장은 3월 2일까지 이것을 끝내라고 했습니다. 나

는 가능한 빨리 모든 것을 준비해놓을 것입니다.

1분 영어 말하기
신제품 개발

훈련한 날짜 . .
소요시간 분

1분 말하기 : **INPUT** Day 7 + Day 11 + Day 15 + Day 17 + Day 19 + Day 28 + Day 30

🎧 **Out 14-1**

STEP 1 우리말 보면서 듣기 🎧 〉

01	우리 회사는 마감일까지 우리 제품이 완성되기를 원합니다.
02	신제품을 개발하는 데는 시간이 걸리는 법인데 말이죠.
03	이것을 개발하는 데 우리는 1년이 넘게 걸렸어요.
04	원래 예정했던 것보다 더 오래 걸렸죠.
05	우리는 더 많은 시간과 더 큰 예산, 그리고 직원 추가가 필요합니다.
06	나는 24시간 내내 일했고, 심지어 주말에도 일했어요.
07	추가 자금을 요청했는데 아직 확답을 기다리고 있는 실정입니다.
08	우리 사장은 고객들이 우리 제품에 관심을 많이 보일 거라는 데 기대치가 높은 것 같아요.
09	시간과 돈이 부족하기 때문에 사장의 요구를 만족시키기란 어려운 게 자명합니다.

INPUT에서 배운 표현을 활용해서 신제품 개발에 대해 1분 동안 영어로 말해 보세요. 처음에는 제시된 표현으로 말하고 익숙해지면 여러분이 응용해서 말해 봅니다. 표현이 잘 떠오르지 않아 답답하더라도 답을 보기 전에 INPUT에서 해당 표현을 찾아 확인해 보세요.

스피킹 훈련 MP3

제한시간 | 1분(문장당 5초 내외)

STEP 2 한 문장씩 말하기 😃

🔊 My company _____ our product _____ be _____ the _____ date.

🔊 _____ a new product _____ _____, though.

🔊 It _____ us _____ a _____ to _____ it.

🔊 It _____ than _____.

🔊 We _____ _____ time, a bigger _____ and extra staff members.

🔊 I worked _____ _____ and even _____.

🔊 I asked for _____ and am still waiting to _____ my request _____.

🔊 I think our boss _____ _____ that customers will _____ a lot of _____ our product.

🔊 It is proving _____ to _____ the boss's demands because we _____ and _____.

▶ 정답은 p.304를 확인하세요.

My company _____ our product _____ be _____ the

_____ date. _____ a new product _____ , though. It

_____ us _____ a _____ to _____ it. It _____

than _____ . We _____ time, a bigger _____

and extra staff members. I worked _____ and

even _____ . I asked for _____ and am still

waiting to _____ my request _____ . I think our boss _____

_____ that customers will _____ a lot of _____

_____ our product. It is proving _____ to _____ the boss's

demands because we _____ and _____ .

▶ 정답은 p.304를 확인하세요.

우리 회사는 마감일까지 우리 제품이 완성되기를 원합니다. 신제품을

개발하는 데는 시간이 걸리는 법인데 말이죠. 이것을 개발하는 데 우리

는 1년이 넘게 걸렸어요. 원래 예정했던 것보다 더 오래 걸렸죠. 우리는

더 많은 시간과 더 큰 예산. 그리고 직원 추가가 필요합니다. 나는 24시

간 내내 일했고, 심지어 주말에도 일했어요. 추가 자금을 요청했는데 아

직 확답을 기다리고 있는 실정입니다. 우리 사장은 고객들이 우리 제품

에 관심을 많이 보일 거라는 데 기대치가 높은 것 같아요. 시간과 돈이

부족하기 때문에 사장의 요구를 만족시키기란 어려운 게 자명합니다.

DAY 15 OUTPUT

매출 부진

훈련한 날짜 　　　　．

소요시간　　　　분

1분 말하기 : **INPUT** Day 6 + Day 14 + Day 15 + Day 21 + Day 22 + Day 27 + Day 29

🎧 Out 15-1

STEP 1 우리말 보면서 듣기 🎧 〉

01 우리 회사의 이익이 4/4분기에 2억원밖에 되지 않았다는 보고서를 받았기 때문에 걱정이 됩니다.

02 수치가 예상했던 것보다 더 낮았죠.

03 우리가 경쟁사보다 앞서고 싶다면 변해야 합니다.

04 우리는 경쟁력을 유지해야 해요.

05 업무 효율 향상을 통해 이렇게 할 수 있을 거라 생각합니다.

06 우리 직원들께서 더 열심히, 더 창조적으로 일해주셔야 합니다.

07 만약 우리가 이것을 해낼 수 있다면 저는 이번 분기의 상황이 호전될 것이라고 낙관하며, 매출이 증가할 것으로 예상합니다.

INPUT에서 배운 표현을 활용해서 매출 부진에 대해 1분 동안 영어로 말해 보세요. 처음에는 제시된 표현으로 말하고 익숙해지면 여러분이 응용해서 말해 봅니다. 표현이 잘 떠오르지 않아 답답하더라도 답을 보기 전에 INPUT에서 해당 표현을 찾아 확인해 보세요.

제한시간 | 1분(문장당 5초 내외)

STEP 2 한 문장씩 말하기 😃

I am concerned because I _____ a _____ that our company's _____
were only _____ _____ won _____.

The figure was _____ than expected.

If we want to _____ the competition we need to
_____ some _____.

We must _____.

I think we can do this by _____.

Our employees _____ to _____ and more creatively.

If we can do this _____ this quarter will be _____, and I
expect our _____ to _____.

I am concerned because I _____ a _____ that our company's

_____ were only _____ won _____

_____ . The figure was _____ than expected. If we want to

_____ the competition we need to _____

some _____ . We must _____ . I think we can do this by

_____ .

Our employees _____ to _____ and more creatively. If

we can do this _____ this quarter will be _____ , and I

expect our _____ to _____ .

▶ 정답은 p.304를 확인하세요.

우리 회사의 이익이 4/4분기에 2억원밖에 되지 않았다는 보고서를 받

았기 때문에 걱정이 됩니다. 수치가 예상했던 것보다 더 낮았죠. 우리가

경쟁사보다 앞서고 싶다면 변해야 합니다. 우리는 경쟁력을 유지해야

해요. 업무 효율 향상을 통해 이렇게 할 수 있을 거라 생각합니다. 우리

직원들께서 더 열심히, 더 창조적으로 일해주셔야 합니다. 만약 우리가

이것을 해낼 수 있다면 저는 이번 분기의 상황이 호전될 것이라고 낙관

하며, 매출이 증가할 것으로 예상합니다.

1분 말하기 : **INPUT** Day 3 + Day 9 + Day 11 + Day 13 + Day 16 + Day 28 + Day 30

🎧 **Out 16-1**

STEP 1 우리말 보면서 듣기 🎧 〉

01　작년에 늦게 휴가를 신청했어요.

02　상사가 내가 날짜를 정하면 된다고 했죠.

03　그래서 이번 주로 연차 휴가를 냈어요.

04　지난달에 갈 곳을 정했죠.

05　주말에 휴가를 떠났어요.

06　보통 일 년에 이틀밖에 쉬지 않는데 월요일부터 금요일까지 쉬게 되어 좋았어요.

07　떠나기 전에, 동료 중 하나가 내게 일거리를 주었지만, 난 나중에 처리할 겁니다.

08　업무 관련 의무와 책임을 다하고 싶긴 하지만, 이건 내 휴가잖아요.

09　돌아오면 할 일이 많이 쌓여 있겠죠.

10　빨리 끝낼 수 있도록 열심히 할 거예요.

INPUT에서 배운 표현을 활용해서 휴가에 대해 1분 동안 영어로 말해 보세요. 처음에는 제시된 표현으로 말하고 익숙해지면 여러분이 응용해서 말해 봅니다. 표현이 잘 떠오르지 않아 답답하더라도 답을 보기 전에 INPUT에서 해당 표현을 찾아 확인해 보세요.

스피킹 훈련 MP3

제한시간 | 1분(문장당 5초 내외)

STEP 2 한 문장씩 말하기 😄

🔊 I _____ a _____ late _____ .

🔊 My boss told me I could _____ _____ .

🔊 So this week I _____ my _____ .

🔊 I _____ somewhere to go to _____ .

🔊 I _____ my _____ over the _____ .

🔊 I usually get only two days _____ a year, so it was nice to _____
_____ Monday _____ Friday.

🔊 Before I left, a coworker of mine gave me some _____ ,
but I'll _____ it _____ .

🔊 I want to _____ my work-related _____ and _____ , but this is my
_____ .

🔊 I'll _____ a lot of _____ when I get back.

🔊 I'll _____ to _____ it _____ quickly.

▶ 정답은 p.304를 확인하세요.

241

I _____ a _____ late _____ . My boss told me I could

_____ . So this week I _____ my _____

_____ . I _____ somewhere to go to _____ . I _____

_____ my _____ over the _____ . I usually get only two days

_____ a year, so it was nice to _____ Monday

_____ Friday. Before I left, a coworker of mine gave me some

_____ , but I'll _____ it _____ .

I want to _____ my work-related _____ and _____ , but this is

my _____ . I'll _____ a lot of _____ when I

get back. I'll _____ to _____ it _____ quickly.

▶ 정답은 p.304를 확인하세요.

STEP 4 1분 동안 영어로 말하기 😊

작년에 늦게 휴가를 신청했어요. 상사가 내가 날짜를 정하면 된다고 했

죠. 그래서 이번 주로 연차 휴가를 냈어요. 지난달에 갈 곳을 정했죠.

주말에 휴가를 떠났어요. 보통 일 년에 이틀밖에 쉬지 않는데 월요일

부터 금요일까지 쉬게 되어 좋았어요. 떠나기 전에, 동료 중 하나가 내

게 일거리를 주었지만, 난 나중에 처리할 겁니다. 업무 관련 의무와 책

임을 다하고 싶긴 하지만, 이건 내 휴가잖아요. 돌아오면 할 일이 많이

쌓여 있겠죠. 빨리 끝낼 수 있도록 열심히 할 거예요.

DAY 17

문제 처리 1

1분 말하기 : INPUT Day 3 + Day 4 + Day 5 + Day 7 + Day 11 + Day 13 + Day 17 + Day 18 + Day 22 + Day 23 + Day 26 + Day 30   Out 17-1

STEP 1 우리말 보면서 듣기 〉

01	오늘 아침 상사가 내게 전화를 했습니다.
02	문제가 생겼는데 내게 그것을 처리하라고 하더군요.
03	직원 하나가 지난주에 예고 없이 하루 휴가를 냈습니다.
04	상사는 무슨 일이 있었던 건지 내가 그 친구에게 물어봤으면 합니다.
05	그 친구를 직접 만나서 이 일에 대해 이야기할 필요가 있을 것 같네요.
06	그 친구의 잘못에 대해 어떻게 문책해야 할지 생각해봐야 합니다.
07	아직 이 일을 어떻게 처리할지 결정하지 못했어요.
08	또 그러면 해고하겠다고 그 친구에게 말해야겠습니다.
09	그 친구는 단지 비상근 직원이라서 해고하는 게 문제가 되지는 않을 것입니다.

INPUT에서 배운 표현을 활용해서 문제 처리에 대해 1분 동안 영어로 말해 보세요. 처음에는 제시된 표현으로 말하고 익숙해지면 여러분이 응용해서 말해 봅니다. 표현이 잘 떠오르지 않아 답답하더라도 답을 보기 전에 INPUT에서 해당 표현을 찾아 확인해 보세요.

제한시간 | 1분(문장당 5초 내외)

STEP 2 한 문장씩 말하기 😊

🔊 My boss _____ _____ this morning.

🔊 There is a problem and he _____ me _____ .

🔊 An employee _____ without notice _____ .

🔊 My boss _____ me to _____ him _____ .

🔊 I think I need to _____ to talk about it.

🔊 I should think about how to _____ him _____ .

🔊 I haven't _____ to _____ it yet.

🔊 I will tell him that if he does it again I will _____ _____ .

🔊 He is only _____ so it won't be a problem to _____ .

▶ 정답은 p.305를 확인하세요.

My boss _____ _____ this morning. There is a problem and

he _____ me _____ . An employee _____

_____ _____ without notice _____ _____ . My

boss _____ me to _____ him _____ . I think I need

to _____ _____ _____ to talk about it. I should think about

how to _____ him _____ . I haven't

_____ to _____ _____ it yet. I will tell him that if he does it

again I will _____ _____ . He is only _____ so

it won't be a problem to _____ _____ .

▶ 정답은 p.305를 확인하세요.

오늘 아침 상사가 내게 전화를 했습니다. 문제가 생겼는데 내게 그것을

처리하라고 하더군요. 직원 하나가 지난주에 예고 없이 하루 휴가를 냈

습니다. 상사는 무슨 일이 있었던 건지 내가 그 친구에게 물어봤으면 합

니다. 그 친구를 직접 만나서 이 일에 대해 이야기할 필요가 있을 것 같

네요. 그 친구의 잘못에 대해 어떻게 문책해야 할지 생각해봐야 합니다.

아직 이 일을 어떻게 처리할지 결정하지 못했어요. 또 그러면 해고하겠

다고 그 친구에게 말해야겠습니다. 그 친구는 단지 비상근 직원이라서

해고하는 게 문제가 되지는 않을 것입니다.

1분 말하기 : **INPUT** Day 3 + Day 8 + Day 17 + Day 22 + Day 23 + Day 24 + Day 25 + Day 26 + Day 29   🎧 **Out 18-1**

STEP 1 우리말 보면서 듣기 🎧   〉

---

01 비즈니스 파트너에게 연락을 취하려고 하지만 그 사람은 외근 중입니다.

---

02 그 사람의 비서는 내일 업무 시간 중에 다시 전화하라고 하고요.

---

03 그날 늦게, 자신에게 전화달라는 그 사람의 이메일을 받습니다.

---

04 그 사람에게 전화해서 우리는 내가 진작에 얘기했던 제안을 승인하는 것에 대해 이야기합니다.

---

05 논의는 한 시간 동안 계속되죠.

---

06 잠시 후 그 사람은 현재 상황에 만족스럽다고 해요.

---

07 나는 이 제안에 대한 보고서를 작성하여 상사에게 제출해야 합니다.

---

08 내일까지는 끝내야 해요.

---

09 다행히 오늘밤까지 이 일을 처리할 수 있을 것 같습니다.

INPUT에서 배운 표현을 활용해서 제안서에 대해 1분 동안 영어로 말해 보세요. 처음에는 제시된 표현으로 말하고 익숙해지면 여러분이 응용해서 말해 봅니다. 표현이 잘 떠오르지 않아 답답하더라도 답을 보기 전에 INPUT에서 해당 표현을 찾아 확인해 보세요.

스피킹 훈련 MP3

제한시간 | 1분(문장당 5초 내외)

STEP 2 한 문장씩 말하기 😀

🔊 I .... contact a business partner but he is ....
....

🔊 His secretary .... me .... call again tomorrow
....

🔊 Later that day, I .... him saying I should
....

🔊 I call him and we talk about .... a .... I told him about earlier.

🔊 The discussion lasts ....

🔊 After a while he says he .... how things stand.

🔊 I need to .... a .... about the proposal and ....
.... my boss.

🔊 I need to .... by tomorrow.

🔊 Fortunately, I think I can .... it by tonight.

▶ 정답은 p.305를 확인하세요.

I _____ contact a business partner but he is

_____. His secretary _____ me _____ call

again tomorrow _____. Later that day, I _____

_____ him to saying I should _____. I

call him and we talk about _____ a _____ I told him about earlier.

The discussion lasts _____. After a while he says

he _____ how things stand. I need to _____ a

_____ about the proposal and _____ my boss.

I need to _____ by tomorrow. Fortunately, I think I can

_____ it by tonight.

▶ 정답은 p.305를 확인하세요.

비즈니스 파트너에게 연락을 취하려고 하지만 그 사람은 외근 중입니다. 그 사람의 비서는 내일 업무 시간 중에 다시 전화하라고 하고요. 그날 늦게, 자신에게 전화달라는 그 사람의 이메일을 받습니다. 그 사람에게 전화해서 우리는 내가 진작에 얘기했던 제안을 승인하는 것에 대해 이야기합니다. 논의는 한 시간 동안 계속되죠. 잠시 후 그 사람은 현재 상황에 만족스럽다고 해요. 나는 이 제안에 대한 보고서를 작성하여 상사에게 제출해야 합니다. 내일까지는 끝내야 해요. 다행히 오늘밤까지 이 일을 처리할 수 있을 것 같습니다.

회의 및 프레젠테이션

1분 말하기 : **INPUT** Day 8 + Day 9 + Day 10 + Day 12 + Day 15 + Day 18 + Day 22 + Day 26 + Day 28 + Day 29   🎧 Out 19-1

| STEP 1 | 우리말 보면서 듣기 🎧 | ⟩ |

---

01 | 오늘 우리는 10시간 동안 계속될 것으로 예상되는 회의가 있습니다.

---

02 | 나는 그곳에 직접 갈 수가 없어 대신 화상 회의로 참석할 겁니다.

---

03 | 회의가 원래 잡힌 일정보다 더 일찍 시작했거든요.

---

04 | 회의를 한 시간 앞당겼다는 얘기를 닥쳐서야 들었죠.

---

05 | 내 비즈니스 파트너가 그곳에 직접 가 있어서 그 친구에게 프레젠테이션을 하라고 했습니다.

---

06 | 그 친구가 진땀을 뺄 것 같다고 해서 나는 그저 최선을 다하라고 말해줬어요.

---

07 | 프레젠테이션에 대한 그 친구의 노고에는 감사합니다.

---

08 | 그러나 질적인 면으로 봤을 때 그 친구가 얼마나 잘할지는 모르겠어요.

---

09 | 별로 기대를 안 합니다.

INPUT에서 배운 표현을 활용해서 회의 및 프레젠테이션에 대해 1분 동안 영어로 말해 보세요. 처음에는 제시된 표현으로 말하고 익숙해지면 여러분이 응용해서 말해 봅니다. 표현이 잘 떠오르지 않아 답답하더라도 답을 보기 전에 INPUT에서 해당 표현을 찾아 확인해 보세요.

스피킹 훈련 MP3

제한시간 | 1분(문장당 5초 내외)

STEP 2 한 문장씩 말하기 😊

Today we ＿＿＿＿ a meeting that is expected to ＿＿＿＿ ＿＿＿＿.

I can't be there ＿＿＿＿ so I'll ＿＿＿＿ by ＿＿＿＿ instead.

The meeting started ＿＿＿＿.

I didn't hear until the late minute that they had ＿＿＿＿ the meeting ＿＿＿＿ ＿＿＿＿ ＿＿＿＿.

My business partner is there ＿＿＿＿ and I ＿＿＿＿ to ＿＿＿＿ a ＿＿＿＿.

He said he would ＿＿＿＿ it, so I just ＿＿＿＿ him to ＿＿＿＿ ＿＿＿＿.

I ＿＿＿＿ his ＿＿＿＿ the presentation.

However, ＿＿＿＿, I'm not ＿＿＿＿ how well he will do.

My ＿＿＿＿ aren't very ＿＿＿＿.

▶ 정답은 p.305를 확인하세요.

Today we _____ a meeting that is expected to _____

_____ . I can't be there _____ _____ so I'll _____

by _____ instead. The meeting started _____

_____ . I didn't hear until the late minute that they had

_____ the meeting _____ . My business

partner is there _____ and I _____ to

a _____ . He said he would _____ it, so I just _____

him to _____ . I _____ his _____ the

presentation. However, _____ , I'm not

_____ how well he will do. My _____ aren't very _____ .

▶ 정답은 p.305를 확인하세요.

오늘 우리는 10시간 동안 계속될 것으로 예상되는 회의가 있습니다. 나

는 그곳에 직접 갈 수가 없어 대신 화상 회의로 참석할 겁니다. 회의가

원래 잡힌 일정보다 더 일찍 시작했거든요. 회의를 한 시간 앞당겼다는

얘기를 닥쳐서야 들었죠. 내 비즈니스 파트너가 그곳에 직접 가 있어서

그 친구에게 프레젠테이션을 하라고 했습니다. 그 친구가 진땀을 뺄 것

같다고 해서 나는 그저 최선을 다하라고 말해줬어요. 프레젠테이션에

대한 그 친구의 노고에는 감사합니다. 그러나 질적인 면으로 봤을 때 그

친구가 얼마나 잘할지는 모르겠어요. 별로 기대를 안 합니다.

1분 영어 말하기

새 직장

1분 말하기 : **INPUT** Day 4 + Day 27 + Day 30

🎧 **Out** 20-1

STEP 1 우리말 보면서 듣기 🎧 〉

01	나는 마케터로서 새 일을 시작할 것입니다.
02	작년에 인턴으로 근무했었는데요.
03	인턴십이 끝난 후에 이 새 일의 면접을 보았죠.
04	이 새 자리를 맡기 전에 회사 연수를 받아야 합니다.
05	업무 능력을 확실히 높이기 위해 실력을 키울 필요가 있죠.
06	지금은 계약직 직원입니다.
07	월급은 300만원이죠.
08	인턴이었을 때 시급은 8,000원이었습니다.
09	매달 25일에 급여를 받습니다.

INPUT에서 배운 표현을 활용해서 새 직장에 대해 1분 동안 영어로 말해 보세요. 처음에는 제시된 표현으로 말하고 익숙해지면 여러분이 응용해서 말해 봅니다. 표현이 잘 떠오르지 않아 답답하더라도 답을 보기 전에 INPUT에서 해당 표현을 찾아 확인해 보세요.

스피킹 훈련 MP3

제한시간 | 1분(문장당 5초 내외)

STEP 2 한 문장씩 말하기 😃

I'm _____ a new job as a _____.

I was _____ _____ last year.

After my internship was over, I _____ _____ for this new _____.

Before I _____ _____ this _____ _____, I need to _____ company _____.

I need to _____ _____ to ensure I _____ _____ _____.

I am _____ _____ now.

My _____ _____ is _____ _____ won.

When I was _____ _____, my _____ _____ was _____ won.

I _____ _____ of every month.

I'm _____ a new job as a _____ . I was _____ _____ last

year. After my internship was over, I _____ for this new

_____ . Before I _____ this _____ , I need to

_____ company _____ . I need to _____ to

ensure I _____ . I am _____

now. My _____ is _____ won. When I was

_____ , my _____ was _____ won. I _____

_____ of every month.

▶ 정답은 p.306을 확인하세요.

나는 마케터로서 새 일을 시작할 것입니다. 작년에 인턴으로 근무했었

는데요. 인턴쉽이 끝난 후에 이 새 일의 면접을 보았죠. 이 새 자리를 맡

기 전에 회사 연수를 받아야 합니다. 업무 능력을 확실히 높이기 위해

실력을 키울 필요가 있죠. 지금은 계약직 직원입니다. 월급은 300만원

이죠. 인턴이었을 때 시급은 8,000원이었습니다. 매달 25일에 급여를

받습니다.

DAY
21
OUTPUT

1분 영어 말하기
행사 준비

훈련한 날짜 　.　.　.
소요시간 　　분

1분 말하기 : **INPUT** Day 7 + Day 9 + Day 11 + Day 12 + Day 13 + Day 14 + Day 15 + Day 26 + Day 29

🎧 **Out** 21-1

STEP 1 우리말 보면서 듣기 🎧 　　　　　　　　　　　　　　 〉

---

01 나는 회사의 연례 행사를 준비하고 있습니다.

---

02 3주째 이 행사를 준비하고 있죠.

---

03 동료들에게 도움을 청합니다.

---

04 동료 중 한 명은 이 행사를 위해 무엇을 할지에 대한 내 의견에 찬성하지 않아요.

---

05 우리는 언쟁을 벌이지만, 그 사람은 내가 최종 결정을 내리면 된다고 말합니다.

---

06 또 그 사람은 내가 하고 싶은 것을 하기에는 자원이 부족하다고도 합니다.

---

07 나도 그 사람의 의견에 동의해요.

---

08 나는 우리가 행사를 열 장소를 예약한 것을 확인합니다.

---

09 이 행사는 성공적일 거라고 예상해요.

INPUT에서 배운 표현을 활용해서 행사 준비에 대해 1분 동안 영어로 말해 보세요. 처음에는 제시된 표현으로 말하고 익숙해지면 여러분이 응용해서 말해 봅니다. 표현이 잘 떠오르지 않아 답답하더라도 답을 보기 전에 INPUT에서 해당 표현을 찾아 확인해 보세요.

제한시간 | 1분(문장당 5초 내외)

STEP 2 한 문장씩 말하기 😛

◀) I'm getting _____ _____ my company's yearly _____.

◀) I have been _____ for the _____.

◀) I _____ from some of my coworkers.

◀) One of my coworkers doesn't _____ _____ about _____ _____ _____ for the event.

◀) We _____ _____ , but he tells me that I can _____ the _____ _____.

◀) He also said that we _____ _____ to do the things I want to do.

◀) I _____ _____ his opinion.

◀) I _____ a _____ for the _____ we will be having the _____.

◀) I _____ the event _____ be _____.

▶ 정답은 p.306을 확인하세요.

I'm getting _____ _____ my company's yearly _____ . I have

been _____ for the _____ .

I _____ _____ _____ from some of my coworkers. One of

my coworkers doesn't _____ about _____

_____ _____ for the event. We _____ _____ _____ , but he

tells me that I can _____ the _____ . He also said that

we _____ _____ to do the things I want to do. I _____

his opinion. I _____ a _____ for the _____ we will be having

the _____ . I _____ the event _____ be _____ .

▶ 정답은 p.306을 확인하세요.

나는 회사의 연례 행사를 준비하고 있습니다. 3주째 이 행사를 준비하고 있죠. 동료들에게 도움을 청합니다. 동료 중 한 명은 이 행사를 위해 무엇을 할지에 대한 내 의견에 찬성하지 않아요. 우리는 언쟁을 벌이지만, 그 사람은 내가 최종 결정을 내리면 된다고 말합니다. 또 그 사람은 내가 하고 싶은 것을 하기에는 자원이 부족하다고도 합니다. 나도 그 사람의 의견에 동의해요. 나는 우리가 행사를 열 장소를 예약한 것을 확인합니다. 이 행사는 성공적일 거라고 예상해요.

1분 영어 말하기
부서 이동 요청

1분 말하기 : **INPUT** Day 1 + Day 5 + Day 17 + Day 24 + Day 30

🎧 Out 22-1

STEP 1 우리말 보면서 듣기 🎧 〉

01	3주 전에 다른 팀으로 바꿔달라고 요청했습니다.
02	경영진이 이 요청에 빨리 대답해주면 좋겠어요.
03	나는 현재 인사부에 있습니다.
04	이 분야에서 8년이 넘는 경력을 가지고 있죠.
05	이따금 이 업무 라인에 싫증이 나요.
06	정말로 회사에서 자리를 바꿨으면 합니다.
07	재무 부서로 옮기고 싶어요.
08	이동 소식을 기다리고 있습니다만, 아직 아무것도 결정난 게 없습니다.
09	곧 내게 이메일을 보낼 것이라고 들었어요.

INPUT에서 배운 표현을 활용해서 부서 이동 요청에 대해 1분 동안 영어로 말해 보세요. 처음에는 제시된 표현으로 말하고 익숙해지면 여러분이 응용해서 말해 봅니다. 표현이 잘 떠오르지 않아 답답하더라도 답을 보기 전에 INPUT에서 해당 표현을 찾아 확인해 보세요.

제한시간 | 1분(문장당 5초 내외)

STEP 2 한 문장씩 말하기 😊

🔊 I made a request to ＿＿＿＿＿＿＿＿＿＿＿ three weeks ago.

🔊 I hope that management ＿＿＿＿＿ the ＿＿＿＿＿.

🔊 I'm ＿＿＿＿＿＿ currently.

🔊 I ＿＿＿＿＿＿＿ 8 ＿＿＿ of ＿＿＿ in this field.

🔊 ＿＿＿＿＿＿＿＿＿, I get bored with this line of work.

🔊 I really want to ＿＿＿＿＿ at the company.

🔊 I would like to ＿＿＿＿＿ the ＿＿＿＿＿.

🔊 I am ＿＿＿ to ＿＿＿＿ the ＿＿＿, but nothing's been ＿＿＿＿ ＿＿＿.

🔊 I heard that they'll ＿＿＿ me an ＿＿＿ soon.

I made a request to _____ three weeks

ago. I hope that management _____ the _____.

I'm _____ currently. I _____

8 _____ of _____ in this field. _____,

I get bored with this line of work. I really want to _____ at

the company. I would like to _____ the _____.

I am _____ to _____ the _____, but nothing's been

_____. I heard that they'll _____ me an _____ soon.

▶ 정답은 p.306을 확인하세요.

3주 전에 다른 팀으로 바꿔달라고 요청했습니다. 경영진이 이 요청에

빨리 대답해주면 좋겠어요. 나는 현재 인사부에 있습니다. 이 분야에서

8년이 넘는 경력을 가지고 있죠. 이따금 이 업무 라인에 싫증이 나요.

정말로 회사에서 자리를 바꿨으면 합니다. 재무 부서로 옮기고 싶어요.

이동 소식을 기다리고 있습니다만. 아직 아무것도 결정난 게 없습니다.

곧 내게 이메일을 보낼 것이라고 들었어요.

DAY 23 OUTPUT

보고서 검토

1분 말하기 : **INPUT** Day 22 + Day 24 + Day 26

🎧 **Out** 23-1

STEP 1 우리말 보면서 듣기 🎧 〉

| 01 | 동료에게서 보고서를 받았습니다. |

| 02 | 그 여자는 이메일로 보고서를 보냈죠. |

| 03 | 이메일을 읽고, 그 여자가 보고서에 대한 정보가 담긴 파일을 첨부한 것을 보았습니다. |

| 04 | 첨부파일을 열었습니다. |

| 05 | 그런 다음 그 문서를 보고 읽었죠. |

| 06 | 그 여자를 직접 보면 일을 잘했다고 칭찬해줘야겠습니다. |

INPUT에서 배운 표현을 활용해서 보고서 검토에 대해 1분 동안 영어로 말해 보세요. 처음에는 제시된 표현으로 말하고 익숙해지면 여러분이 응용해서 말해 봅니다. 표현이 잘 떠오르지 않아 답답하더라도 답을 보기 전에 INPUT에서 해당 표현을 찾아 확인해 보세요.

스피킹 훈련 MP3

제한시간 | 1분(문장당 5초 내외)

STEP 2 한 문장씩 말하기 😄

I .... a .... from my colleague.

She .... the ....

I .... the email and saw that she had .... a .... with information about the ....

I .... the ....

Then I .... the .... and read it.

When I see her .... , I'll .... her .... a job well done.

▶ 정답은 p.306을 확인하세요.

I _____ a _____ from my colleague. She _____ the _____

_____. I _____ the email and saw that she had _____

a _____ with information about the _____. I _____ the _____.

Then I _____ the _____ and read it. When I see her _____

_____, I'll _____ her _____ a job well done.

▶ 정답은 p.306을 확인하세요.

동료에게서 보고서를 받았습니다. 그 여자는 이메일로 보고서를 보냈

죠. 이메일을 읽고, 그 여자가 보고서에 대한 정보가 담긴 파일을 첨부

한 것을 봤습니다. 첨부파일을 열었습니다. 그런 다음 그 문서를 보고

읽었죠. 그 여자를 직접 보면 일을 잘했다고 칭찬해줘야겠습니다.

DAY

1분 영어 말하기

상사 면담 1

훈련한 날짜 　．　．

소요시간 　　분

1분 말하기 : **INPUT** Day 2 + Day 8 + Day 10 + Day 11 + Day 14 + Day 22 + Day 25 + Day 29 + Day 30

Out 24-1

STEP 1 우리말 보면서 듣기 〉

01 오늘 아침 내 파트너와 우리 상사가 미팅을 했습니다.

02 나는 그 친구에게 미팅 중에 무슨 일이 있었는지 물었죠.

03 그 친구는 이야기가 그다지 잘 되지 않았다고 했습니다.

04 우리는 최근 상사의 욕구를 만족시키지 못하고 있었죠.

05 상사는 우리가 따라야 할 회사의 방침을 설명했습니다.

06 우리가 근무 시간 동안 충분히 열심히 일하지는 않는다고 했죠.

07 또한 우리가 너무 빨리 퇴근한다고도 했습니다.

08 게다가 일부 직원들은 9시까지 출근하지도 않고요.

09 상사는 또 우리가 점심시간을 너무 많이 허비한다고도 주장했습니다.

10 상사는 우리가 매일 업무에 더 열심히 집중해야 한다고 말하면서 이야기를 마무리했습니다.

INPUT에서 배운 표현을 활용해서 상사 면담에 대해 1분 동안 영어로 말해 보세요. 처음에는 제시된 표현으로 말하고 익숙해지면 여러분이 응용해서 말해 봅니다. 표현이 잘 떠오르지 않아 답답하더라도 답을 보기 전에 INPUT에서 해당 표현을 찾아 확인해 보세요.

스피킹 훈련 MP3

제한시간 | 1분(문장당 5초 내외)

STEP 2 한 문장씩 말하기 😃

◁» My partner _____ a _____ our boss _____.

◁» I _____ him _____ the meeting.

◁» He said that _____ didn't _____ very _____.

◁» We have been _____ to _____ the _____ of my boss lately.

◁» He _____ the _____ we were _____ to _____.

◁» He said we aren't working hard enough _____.

◁» We also _____ too _____, he said.

◁» In addition, some workers don't _____ the _____ by 9.

◁» He also claimed we _____ too much time _____ for lunch.

◁» He concluded by saying we should _____ harder _____ every day.

▶ 정답은 p.307을 확인하세요.

273

STEP 3 들으면서 따라 말하기 😐 〉

My partner _____ a _____ our boss _____ .

I _____ him _____ the meeting. He said

that _____ didn't _____ very _____ . We have been

_____ to _____ the _____ of my boss lately. He _____ the

_____ we were _____ to _____ . He said we aren't

working hard enough _____ . We also _____

_____ too _____ , he said. In addition, some workers

don't _____ the _____ by 9. He also claimed we

_____ too much time _____ for lunch. He concluded by saying

we should _____ harder _____ every day.

▶ 정답은 p.307을 확인하세요.

오늘 아침 내 파트너와 우리 상사가 미팅을 했습니다. 나는 그 친구에게

미팅 중에 무슨 일이 있었는지 물었죠. 그 친구는 이야기가 그다지 잘

되지 않았다고 했습니다. 우리는 최근 상사의 욕구를 만족시키지 못하

고 있었죠. 상사는 우리가 따라야 할 회사의 방침을 설명했습니다. 우리

가 근무 시간 동안 충분히 열심히 일하지는 않는다고 했죠. 또한 우리가

너무 빨리 퇴근한다고도 했습니다. 게다가 일부 직원들은 9시까지 출근

하지도 않고요. 상사는 또 우리가 점심시간을 너무 많이 허비한다고도

주장했습니다. 상사는 우리가 매일 회사에서 좀 더 열심히 집중해야 한

다고 말하면서 이야기를 마무리했습니다.

DAY
25
OUTPUT

1분 영어 말하기

상사 면담 2

훈련한 날짜 　 .　 .

소요시간 　 　 분

1분 말하기 : INPUT Day 7 + Day 8 + Day 10 + Day 11 + Day 12 + Day 14 + Day 21 + Day 25 + Day 26 + Day 29 + Day 30

🎧 Out 25-1

STEP 1　우리말 보면서 듣기 🎧

01　나는 우리 부장에게 조언을 청했습니다.

02　우리 회의의 목적은 내가 가지고 있을지도 모르는 문제를 파악하려는 것이었죠.

03　부장은 고객 만족이 우리 회사에 제일 중요하다고 했습니다.

04　내가 고객들의 욕구를 충족시킬 수 있기를 바랍니다.

05　부장은 또한 수익성 면으로 봤을 때 우리는 보다 비용 효과를 높일 수 있는 적절한 계획이 있어야 한다고도 했죠.

06　부장은 내가 일주일 내내 한시도 빠짐없이 일에 대해 생각해야 한다고 믿습니다.

07　나는 부장과 30분 동안 이야기를 나누었어요.

08　이야기는 잘됐습니다.

09　부장에게 감사하며 나와 이야기할 시간을 내줘서 기쁩니다.

INPUT에서 배운 표현을 활용해서 또 다른 상사 면담에 대해 1분 동안 영어로 말해 보세요. 처음에는 제시된 표현으로 말하고 익숙해지면 여러분이 응용해서 말해 봅니다. 표현이 잘 떠오르지 않아 답답하더라도 답을 보기 전에 INPUT에서 해당 표현을 찾아 확인해 보세요.

스피킹 훈련 MP3

제한시간 | 1분(문장당 5초 내외)

STEP 2 한 문장씩 말하기 😃

🔊 I _____ my manager _____ .

🔊 The _____ our _____ was for me to _____ any _____ I might have.

🔊 He said _____ is very _____ our company.

🔊 I _____ I can _____ the _____ my _____ .

🔊 He also said that _____ , we must have more _____ plans in place.

🔊 He believes I should think about my job _____ .

🔊 I talked with him _____ .

🔊 The talk _____ _____ .

🔊 I am _____ and happy he took the time to _____ me.

▶ 정답은 p.307을 확인하세요.

277

I _____ my manager _____ . The _____

_____ our _____ was for me to _____ any _____ I might

have. He said _____ is very _____ our

company. I _____ I can _____ the _____ my _____ .

He also said that _____ , we must have

more _____ plans in place. He believes I should think about my

job _____ . I talked with him _____ . The talk

_____ . I am _____ and happy he took

the time to _____ me.

나는 우리 부장에게 조언을 청했습니다. 우리 회의의 목적은 내가 가지고 있을지도 모르는 문제를 파악하려는 것이었죠. 부장은 고객 만족이 우리 회사에 제일 중요하다고 했습니다. 내가 고객들의 욕구를 충족시킬 수 있기를 바랍니다. 부장은 또한 수익성 면으로 봤을 때 우리는 보다 비용 효과를 높일 수 있는 적절한 계획이 있어야 한다고도 했죠. 부장은 내가 일주일 내내 한시도 빠짐없이 일에 대해 생각해야 한다고 믿습니다. 나는 부장과 30분 동안 이야기를 나누었어요. 이야기는 잘됐습니다. 부장에게 감사하며 나와 이야기할 시간을 내줘서 기쁩니다.

1분 영어 말하기

야근

훈련한 날짜 ___ . ___ . ___
소요시간 ___ 분

1분 말하기 : **INPUT** Day 2 + Day 10 + Day 16 + Day 20 + Day 21 + Day 29

🎧 **Out** 26-1

STEP 1 우리말 보면서 듣기 🎧 〉

01 | 우리 팀은 오늘밤 늦게 퇴근할 거예요.

02 | 우리는 내일 회의를 위한 체크리스트를 만들어야 하죠.

03 | 우리는 그것을 문서로 만들어야 합니다.

04 | 그에 대해 논의하는 데 시간을 너무 많이 쓰고 싶진 않아요.

05 | 우리는 30분 동안 저녁을 얼른 먹고 나머지 시간에 우리 일에 대해 이야기할 거예요.

06 | 나는 거의 매일 늦게까지 회사에 남아 있습니다.

07 | 초과 근무를 하는 걸 좋아하지 않지만요.

08 | 야근을 하면 귀가가 늦어지죠.

09 | 그것은 우리와 우리가 효율적으로 일할 수 있는 능력에 부정적인 영향을 미칩니다.

INPUT에서 배운 표현을 활용해서 야근에 대해 1분 동안 영어로 말해 보세요. 처음에는 제시된 표현으로 말하고 익숙해지면 여러분이 응용해서 말해 봅니다. 표현이 잘 떠오르지 않아 답답하더라도 답을 보기 전에 INPUT에서 해당 표현을 찾아 확인해 보세요.

제한시간 | 1분(문장당 5초 내외)

STEP 2 한 문장씩 말하기 😊

🔊 My team will _____ off _____ tonight.

🔊 We have to _____ a _____ for the meeting tomorrow.

🔊 We need to _____ it _____ .

🔊 I don't want to _____ too _____ it.

🔊 We'll _____ eating a quick dinner and _____ the _____ we'll talk about our task.

🔊 I _____ late almost _____ .

🔊 I don't like to _____ .

🔊 I get home very late when I _____ .

🔊 It _____ a negative _____ us and our ability to work efficiently.

▶ 정답은 p.307을 확인하세요.

My team will _____ off _____ _____ tonight. We have to

_____ a _____ for the meeting tomorrow. We need to _____

it _____ _____ . I don't want to _____ too

_____ it. We'll _____ _____ eating a quick dinner and

_____ _____ the _____ we'll talk about our task. I

_____ _____ late almost _____ _____ . I don't like

to _____ _____ . I get home very late when I _____ _____ .

It _____ a negative _____ _____ us and our ability to work

efficiently.

우리 팀은 오늘밤 늦게 퇴근할 거예요. 우리는 내일 회의를 위한 체크

리스트를 만들어야 하죠. 우리는 그것을 문서로 만들어야 합니다. 그에

대해 논의하는 데 시간을 너무 많이 쓰고 싶진 않아요. 우리는 30분 동

안 저녁을 얼른 먹고 나머지 시간에 우리 일에 대해 이야기할 거예요.

나는 거의 매일 늦게까지 회사에 남아 있습니다. 초과 근무를 하는 걸

좋아하지 않지만요. 야근을 하면 귀가가 늦어지죠. 그것은 우리와 우리

가 효율적으로 일할 수 있는 능력에 부정적인 영향을 미칩니다.

DAY 27
OUTPUT
문제 처리 2

1분 말하기 : **INPUT** Day 9 + Day 11 + Day 14 + Day 17 + Day 18 + Day 25 + Day 26   🎧 **Out 27-1**

STEP 1   우리말 보면서 듣기 🎧   〉

01   내 동료가 자신이 하기로 되어 있던 일을 처리하지 못했습니다.

02   이제 그 친구가 만든 문제를 내가 처리해야 하네요.

03   나는 그 친구의 잘못에 대해 그 친구에게 책임을 지우면서도 늘 그 친구가 일을 잘 못할까 염려합니다.

04   그 친구가 정말 실망스러워요.

05   그 친구에게 무슨 말을 해야 할지 모르겠습니다.

06   그 친구는 자신의 일에 노력하지만 결국 늘 아둥바둥해요.

07   이제 마감기한까지 이 일을 끝내야 하니까 나는 도움을 요청해야 합니다.

INPUT에서 배운 표현을 활용해서 또 다른 문제 처리에 대해 1분 동안 영어로 말해 보세요. 처음에는 제시된 표현으로 말하고 익숙해지면 여러분이 응용해서 말해 봅니다. 표현이 잘 떠오르지 않아 답답하더라도 답을 보기 전에 INPUT에서 해당 표현을 찾아 확인해 보세요.

스피킹 훈련 MP3

제한시간 | 1분(문장당 5초 내외)

STEP 2 한 문장씩 말하기 😀

🔊 My coworker _____ the task he was supposed to do.

🔊 Now I have to _____ he created.

🔊 I _____ him responsible _____ and am always _____ he does things _____.

🔊 He's a real _____.

🔊 I don't know _____ to him.

🔊 He _____ some _____ with his work, but always ends up _____ _____ it.

🔊 Now I need to _____ because the task needs to _____ _____ _____ the deadline.

▶ 정답은 p.307을 확인하세요.

My coworker _____ the task he was

supposed to do. Now I have to _____ he created.

I _____ him responsible _____ and am always

_____ he does things _____. He's a real _____. I don't know

_____ to him. He _____ some _____ on

his work, but always ends up _____ it. Now I need to

_____ because the task needs to _____

_____ the _____.

내 동료가 자신이 하기로 되어 있던 일을 처리하지 못했습니다. 이제 그

친구가 만든 문제를 내가 처리해야 하네요. 나는 그 친구의 잘못에 대해

그 친구에게 책임을 지우면서도 늘 그 친구가 일을 잘 못할까 염려합니

다. 그 친구가 정말 실망스러워요. 그 친구에게 무슨 말을 해야 할지 모르

겠습니다. 그 친구는 자신의 일에 노력하지만 결국 늘 아둥바둥해요. 이

제 마감기한까지 이 일을 끝내야 하니까 나는 도움을 요청해야 합니다.

1분 영어 말하기

보고서 작성

훈련한 날짜 . .
소요시간 분

1분 말하기 : **INPUT** Day 7 + Day 19 + Day 21 + Day 22 + Day 27 + Day 29 　🎧 Out 28-1

STEP 1 우리말 보면서 듣기 🎧 　　　　　　　　　　　　　　　　　　　　〉

01 　나는 상사에게 제출할 보고서를 작성합니다.

02 　그는 업무 시간 동안에 그것을 지속적으로 업데이트 받고 싶어 합니다.

03 　그 보고서는 생산 효율에 관한 것이죠.

04 　나는 회사의 생산성에 에러를 찾아냅니다.

05 　그 보고서는 분업하는 것이 얼마나 효과적인지에 관해 이야기합니다.

06 　또한, 너무 많은 직원들이 24시간 내내 일합니다.

07 　우리가 업무 성과를 높이고 싶다면 직원이 더 필요한 것이죠.

08 　그러면 우리 회사를 성장시키는 데 도움이 될 것입니다.

INPUT에서 배운 표현을 활용해서 보고서 작성에 대해 1분 동안 영어로 말해 보세요. 처음에는 제시된 표현으로 말하고 익숙해지면 여러분이 응용해서 말해 봅니다. 표현이 잘 떠오르지 않아 답답하더라도 답을 보기 전에 INPUT에서 해당 표현을 찾아 확인해 보세요.

제한시간 | 1분(문장당 5초 내외)

STEP 2 한 문장씩 말하기 😊

◀᎒) I _____ to give to my boss.

◀᎒) He wants me to _____ him _____ it _____.

◀᎒) The report is _____.

◀᎒) I _____ with the company's _____.

◀᎒) The report _____ about _____ it is _____.

◀᎒) Also, too many employees _____.

◀᎒) We _____ if we want to _____ our _____.

◀᎒) That would help _____.

▶ 정답은 p.308을 확인하세요.

Out 28-2

I _____ to give to my boss. He wants me to

_____ him _____ it _____. The

report is _____ . I _____ with the

company's _____ . The report _____ about _____ it

is _____ . Also, too many employees _____

_____ . We _____ if we want

to _____ our _____ . That would help _____ .

▶ 정답은 p.308을 확인하세요.

나는 상사에게 제출할 보고서를 작성합니다. 그는 업무 시간 동안에 그것을 지속적으로 업데이트 받고 싶어 합니다. 그 보고서는 생산 효율에 관한 것이죠. 나는 회사의 생산성에 에러를 찾아냅니다. 그 보고서는 분업하는 것이 얼마나 효과적인지에 관해 이야기합니다. 또한, 너무 많은 직원들이 24시간 내내 일합니다. 우리가 업무 성과를 높이고 싶다면 직원이 더 필요한 것이죠. 그러면 우리 회사를 성장시키는 데 도움이 될 것입니다.

1분 영어 말하기

감사

1분 말하기 : **INPUT** Day 1 + Day 6 + Day 7 + Day 10 + Day 12 + Day 14 + Day 16 + Day 19 + Day 27 + Day 29

🎧 **Out 29-1**

STEP 1 우리말 보면서 듣기 🎧 〉

01	나는 우리 지출에 대한 감사를 실시합니다.
02	내가 그 일의 책임자이죠.
03	우리 회사의 재정에 대한 정보를 샅샅이 뒤진답니다.
04	발견한 것에 대해서는 메모를 해두죠.
05	이것은 시간이 오래 걸리는 일이에요.
06	수익성 면에서 우리는 잘하고 있습니다.
07	매출액이 2/4분기에 10% 증가했죠.
08	사장은 우리에게 그래도 매출 20% 상승을 바란다고 말하더군요.
09	이번 분기가 2분기보다 더 나을지는 의심스러워요.
10	사장의 욕구에 부응하기란 어려운 일입니다.

INPUT에서 배운 표현을 활용해서 감사에 대해 1분 동안 영어로 말해 보세요. 처음에는 제시된 표현으로 말하고 익숙해지면 여러분이 응용해서 말해 봅니다. 표현이 잘 떠오르지 않아 답답하더라도 답을 보기 전에 INPUT에서 해당 표현을 찾아 확인해 보세요.

스피킹 훈련 MP3

제한시간 | 1분(문장당 5초 내외)

STEP 2   한 문장씩 말하기 😊

🔊   I _____ an _____ of our expenses.

🔊   I'm _____ _____ of it.

🔊   I _____ about our company's finances.

🔊   I _____ _____ about what I have found.

🔊   It _____ a _____.

🔊   _____ _____ _____ _____ we are doing well.

🔊   Our _____ 10% _____.

🔊   My boss said he wants us to _____ our sales _____ though.

🔊   I _____ this _____ than Q2.

🔊   It is _____ to _____ the boss's _____.

▶ 정답은 p.308을 확인하세요.

293

STEP 3 들으면서 따라 말하기 😋

I _____ an _____ of our expenses. I'm _____

_____ of it. I _____ _____ about our company's

finances. I _____ _____ about what I have found. It _____ a

_____ . _____ we are doing

well. Our _____ 10% _____ .

My boss said he wants us to _____ our sales _____ though.

I _____ this _____ _____ than Q2. It is

_____ to _____ the boss's _____ .

▶ 정답은 p.308을 확인하세요.

나는 우리 지출에 대한 감사를 실시합니다. 내가 그 일의 책임자이죠.

우리 회사의 재정에 대한 정보를 샅샅이 뒤진답니다. 발견한 것에 대해

서는 메모를 해두죠. 이것은 시간이 오래 걸리는 일이에요. 수익성 면에

서 우리는 잘하고 있습니다. 매출액이 2/4분기에 10% 증가했죠. 사장

은 우리에게 그래도 매출 20% 상승을 바란다고 말하더군요. 이번 분기

가 2분기보다 더 나을지는 의심스러워요. 사장의 욕구에 부응하기란 어

려운 일입니다.

DAY
30
OUTPUT

1분 영어 말하기

신제품 출시 2

훈련한 날짜 . .

소요시간 분

1분 말하기 : **INPUT** Day 6 + Day 7 + Day 12 + Day 13 + Day 26 + Day 27 + Day 30　🎧 Out 30-1

STEP 1 우리말 보면서 듣기 🎧　　　　　　　　　　　　　　　　　　　　　　　　❯

01 우리 회사는 다음 분기에 신제품을 출시할 예정입니다.

02 우리는 신제품을 출시하기 전에 시장 상황을 파악할 것입니다.

03 (다음 분기에 출시하겠다는) 그 결정은 임시적인 거고요.

04 내 생각 중 하나는 이번 분기에 출시하자는 것이었지만, 경영진에서 나의 계획을 거부했습니다.

05 나는 지금 해야 한다고 주장했죠.

06 고객과 경영진 둘 모두의 욕구를 충족시키기란 어려운 일이군요.

07 우리는 진작 그 제품을 성공적으로 개발했어요.

08 제시간에 끝냈죠.

09 우리는 그저 그것을 언제 출시할지에 대해 결정하기만 하면 됩니다.

INPUT에서 배운 표현을 활용해서 또 다른 신제품 출시에 대해 1분 동안 영어로 말해 보세요. 처음에는 제시된 표현으로 말하고 익숙해지면 여러분이 응용해서 말해 봅니다. 표현이 잘 떠오르지 않아 답답하더라도 답을 보기 전에 INPUT에서 해당 표현을 찾아 확인해 보세요.

스피킹 훈련 MP3

제한시간 | 1분(문장당 5초 내외)

STEP 2　한 문장씩 말하기 😄

🔊　My company is going to _____ a _____ next _____.

🔊　We will _____ the _____ before _____ the _____.

🔊　The _____ is _____.

🔊　_____ of my _____ was to _____ it _____, but management _____ my plan.

🔊　I _____ that we _____ _____ _____.

🔊　It is _____ to _____ both the customers and management.

🔊　We have already _____ _____ the _____.

🔊　It was _____ on _____.

🔊　We just need to _____ a _____ about _____ it.

My company is going to ____ a ____ next ____ .

We will ____ the ____ before ____ the

____ . The ____ is ____ . ____ of my ____ was to

____ it ____ , but management ____ my plan. I

____ that we ____ . It is ____ to

____ both the customers and management.

We have already ____ the ____ . It was ____ on

____ . We just need to ____ a ____ about ____

____ it.

▶ 정답은 p.308을 확인하세요.

우리 회사는 다음 분기에 신제품을 출시할 예정입니다. 우리는 신제품

을 출시하기 전에 시장 상황을 파악할 것입니다. (다음 분기에 출시하

겠다는) 그 결정은 임시적인 거고요. 내 생각 중 하나는 이번 분기에

출시하자는 것이었지만, 경영진에서 나의 계획을 거부했습니다. 나는

지금 해야 한다고 주장했죠. 고객과 경영진 둘 모두의 욕구를 충족시키

기란 어려운 일이군요. 우리는 진작 그 제품을 성공적으로 개발했어요.

제시간에 끝냈죠. 우리는 그저 그것을 언제 출시할지에 대해 결정하기

만 하면 됩니다.

직 장 인 을 위 한
1 분 영 어 말 하 기

OUTPUT
스크립트

OUTPUT 파트의 DAY별 1분 영어 말하기 훈련 STEP 1 ~ STEP 4에 해당하는 1분
영어 말하기 스크립트입니다. 헷갈리거나 막히는 표현은 없었는지 확인해 보세요.

DAY 01 출퇴근 Commuting

▶ p.181

I leave for work every morning at 8:30. I usually take the subway to work. Sometimes, I commute by bus. My commute takes about 30 minutes. I have to be at the office by 9. This morning I was late for work. I might get off work late tonight. I don't like to work overtime. I get home very late when I work nights.

DAY 02 나의 직장 My Job

▶ p.185

I work at NS Motors. The company has over 100 employees. I joined the company last year. I'm a sales representative. I have 5 years of experience in this field. I used to be at AB Tech, where I worked for more than 5 years. My yearly salary is 40 million won. I hope to get promoted soon.

DAY 03 채용 담당 업무 Hiring

▶ p.189

My company has decided to hire a new accountant. I am in charge of interviewing the candidate. I received many applications for the job. Before interviewing each candidate, I review their resumes. Today, two other interviewers and I interviewed many candidates. One woman was very qualified for the position. I think we will offer her the position. I hope she will join the firm.

DAY 04 신제품 출시 1 Releasing a New Product 1

▶ p.193

Our company set a goal this year. We released a new product. With this product, we were hoping to increase our sales by 20%. Unfortunately, we failed to reach our goal. It is difficult to make more people aware of our product. We need to come up with a new idea. I think we lack experience and skills. Our company should do a better job to promote our product. Maybe we need to seek someone new to help us.

DAY 05 회의 1 Meeting 1

▶ p.197

I had a meeting today at work. Five people were at the meeting. The agenda of the meeting was to seek a solution to cut costs. Our sales last year were over 2 billion won. But our sales decreased by 10% last year. We had to identify problems with our strategy. We had many other items to discuss. My boss told us to take notes and get everything down on paper.

DAY 06 인사이동 Personnel Changes

▶ p.201

I changed to another team last week. I got a promotion. I am a PR manager now. Jim Sanders was the previous manager but he was fired. He left the team last week. I don't think they recognized him for his hard work. I appreciated his dedication to the job. My boss told me if I don't like it I can transfer to another department.

DAY 07 인사고과 Performance Review

▶ p.205

My boss gave me a good performance review. He complimented me for my work. Our company's profit was over 200 million won last year. He told me I will get a bonus. I had hoped to get a raise, too. He told me I need to improve my skills. I was disappointed, but the review went better than I expected. I will enhance my performance and do better in the future.

DAY 08 프레젠테이션 Presentation

▶ p.209

My department will make a presentation next week. We will demonstrate our new product. We will need to present it to the audience. We will submit it first to my manager by email. We are spending a lot of time working on it. My coworkers are wasting a lot of time arguing about the presentation. We don't have enough time to work on it. We spend a lot of time discussing it, but now it's time to develop it.

▶ p.213

DAY 09 고객 및 거래 A Client and a Deal

I waited for an email from an important client. I replied to his last email two days ago. I decided to send a text message to him. I got a call from him soon after that. He said he has an interest in our product. He said he would get back to me later. I think it's a waste of time talking with him. I have been talking with him since last month. I don't expect to land the deal anytime soon.

▶ p.217

DAY 10 출장 Business Trip

I will go on a business trip to China next week. I will go from Monday to Friday. There are a lot of travel expenses. I am told I will be reimbursed for the expenses. I will also get a daily allowance of 50,000 won. I requested to take two days off while I'm there. There will be training that starts from 3 p.m. every day. I like business trips and am even willing to work abroad.

▶ p.221

DAY 11 세미나 Seminar

I recommended that my team attend a seminar. My manager suggested that I attend the seminar, too. The CEO was our guest speaker. She said our company has 10 priorities, and that customer satisfaction should be the top priority. We should always fulfill our duties so we don't disappoint our customers. She explained that if we satisfy our customers, we can expect a lot of success. She has high expectations for our company. She spoke for 30 minutes.

▶ p.225

DAY 12 회의 2 Meeting 2

I arranged a meeting with a business partner this morning. I booked a meeting room. I arrived 10 minutes early for the meeting. The business partner was late. I asked him if we should cancel the meeting. He said to reschedule the meeting for next Monday. I don't have time on that day. Then he sent me a text message to move the meeting back an hour. I said okay but I would have to leave early. I expect him to make it on time.

DAY 13 │ 회의 3 Meeting 3 ▶ p.229

I discussed some marketing strategy plans during a meeting. I talked about thinking from the perspective of marketing. I think we should implement a strategy to make people aware of our product. We need to work on promoting our product through advertising. I think our advertisements could be very effective. In terms of feasibility, I think the plan will work. No one opposed my idea. My manager said to proceed with the plan. My boss said to get it finished by March 2nd. I will get everything ready as soon as possible.

DAY 14 │ 신제품 개발 Developing a New Product ▶ p.233

My company wants our product to be finished by the due date. Developing a new product takes time, though. It took us over a year to develop it. It took longer than originally scheduled. We need more time, a bigger budget and extra staff members. I worked around the clock and even on weekends. I asked for extra funds and am still waiting to have my request confirmed. I think our boss has high expectations that customers will show a lot of interest in our product. It is proving difficult to meet the boss's demands because we lack time and money.

DAY 15 │ 매출 부진 Poor Sales ▶ p.237

I am concerned because I received a report that our company's profits were only 200 million won in the fourth quarter. That figure was lower than expected. If we want to stay ahead of the competition we need to make some changes. We must stay competitive. I think we can do this by having better business efficiency. Our employees need to work harder and more creatively. If we can do this I'm optimistic this quarter will be better, and I expect our sales to increase.

DAY 16 │ 휴가 Vacation ▶ p.241

I requested a vacation late last year. My boss told me I could choose the date. So this week I took my annual leave. I chose somewhere to go to last month. I went on my vacation over the weekend. I usually get only two days off a year, so it was nice to be off from Monday to Friday. Before I left, a coworker of mine gave me some work to do, but

I'll deal with it later. I want to fulfill my work-related duties and responsibilities, but this is my vacation. I'll have a lot of work to do when I get back. I'll try hard to get it done quickly.

DAY 17 문제 처리 1 Handling a Problem 1 ▶ p.245

My boss phoned me this morning. There is a problem and he told me to handle it. An employee took a day off without notice last week. My boss wants me to ask him what happened. I think I need to meet him face-to-face to talk about it. I should think about how to reprimand him for his mistake. I haven't decided how to deal with it yet. I will tell him that if he does it again I will fire him. He is only a part-time worker so it won't be a problem to fire him.

DAY 18 제안서 Proposal ▶ p.249

I try to contact a business partner, but he is out of the office. His secretary tells me to call again tomorrow during business hours. Later that day, I get an email from him saying I should call him. I call him and we talk about approving a proposal I told him about earlier. The discussion lasts for an hour. After a while, he says he is satisfied with how things stand. I need to write a report about the proposal and submit it to my boss. I need to finish it by tomorrow. Fortunately, I think I can take care of it by tonight.

DAY 19 회의 및 프레젠테이션 Meeting & Presentation ▶ p.253

Today we have a meeting that is expected to last for 10 hours. I can't be there in person so I'll attend by video conference instead. The meeting started earlier than originally scheduled. I didn't hear until the last minute that they had moved the meeting up an hour. My business partner is there in person and I told him to make a presentation. He said he would struggle with it, so I just told him to do his best. I appreciate his dedication to the presentation. However, in terms of quality, I'm not sure how well he will do. My expectations aren't very high.

DAY 20 | 새 직장 A New Job

I'm starting a new job as a marketer. I was an intern last year. After my internship was over, I was interviewed for this new job. Before I take over this new position, I need to receive company training. I need to improve my skills to ensure I enhance my performance. I am a contract worker now. My monthly salary is 3 million won. When I was an intern, my hourly pay was 8,000 won. I get paid on the 25th of every month.

DAY 21 | 행사 준비 Preparing for an Event

I'm getting ready for my company's yearly event. I have been preparing for the event for three weeks. I ask for help from some of my coworkers. One of my coworkers doesn't agree with me about what to do for the event. We have an argument, but he tells me that I can make the final decision. He also said that we lack resources to do the things I want to do. I agree with his opinion. I confirm a reservation for the place we will be having the event. I expect the event to be successful.

DAY 22 | 부서 이동 요청 A Request to Change to Another Team

I made a request to change to another team three weeks ago. I hope that management responds to the request fast. I'm in human resources currently. I have more than 8 years of experience in this field. From time to time, I get bored with this line of work. I really want to change positions at the company. I would like to move to the finance department. I am waiting to hear about the transfer, but nothing's been decided yet. I heard that they'll send me an email soon.

DAY 23 | 보고서 검토 Going Over A Report

I received a report from my colleague. She sent the report by email. I read the email and saw that she had attached a file with information about the report. I opened the attachment. Then I viewed the document and read it. When I see her in person, I'll compliment her for a job well done.

DAY 24 상사 면담 1 Meeting with My Boss 1 ▶ p.273

My partner had a meeting with our boss this morning. I asked him what happened during the meeting. He said that the talk didn't go very well. We have been failing to satisfy the needs of my boss lately. He explained the company policies we were required to follow. He said we aren't working hard enough during working hours. We also leave the office too early, he said. In addition, some workers don't get to the office by 9. He also claimed we take too much time off for lunch. He concluded by saying we should concentrate harder at work every day.

DAY 25 상사 면담 2 Meeting with My Boss 2 ▶ p.277

I asked my manager for some advice. The purpose of our meeting was for me to identify any problems I might have. He said customer satisfaction is very important for our company. I hope I can satisfy the needs of my customers. He also said that in terms of profitability, we must have more cost-effective plans in place. He believes I should think about my job 24/7. I talked with him for thirty minutes. The talk went well. I am grateful to him and happy he took the time to talk with me.

DAY 26 야근 Working Overtime ▶ p.281

My team will get off work late tonight. We have to make a checklist for the meeting tomorrow. We need to have it in writing. I don't want to spend too much time discussing it. We'll spend 30 minutes eating a quick dinner and the rest of the time we'll talk about our task. I stay at work late almost every day. I don't like to work overtime. I get home very late when I work nights. It has a negative influence on us and our ability to work efficiently.

DAY 27 문제 처리 2 Handling a Problem 2 ▶ p.285

My coworker didn't care much about the task he was supposed to do. Now I have to solve the problem he created. I hold him responsible for his mistake and am always concerned he does things incorrectly. He's a real disappointment. I don't know what to say to him. He makes some effort with his work, but always ends up struggling with it. Now I need to ask for help because the task needs to be finished by the deadline.

DAY 28 | 보고서 작성 Writing a Report

▶ p.289

I write a report to give to my boss. He wants me to keep him updated on it during working hours. The report is about production efficiency. I identify errors with the company's productivity. The report talks about how effective it is to work separately. Also, too many employees work around the clock. We need more staff if we want to enhance our performance. That would help grow our company.

DAY 29 | 감사 An Audit

▶ p.293

I implement an audit of our expenses. I'm the person in charge of it. I search for information about our company's finances. I make notes about what I have found. It takes a long time. In terms of profitability we are doing well. Our sales increased 10% during the second quarter. My boss said he wants us to increase our sales 20% though. I doubt this quarter will be better than Q2. It is difficult to meet the boss's needs.

DAY 30 | 신제품 출시 2 Releasing a New Product 2

▶ p.297

My company is going to release a new product next quarter. We will determine the market conditions before releasing the new product. The decision is temporary. One of my ideas was to release it this quarter, but management rejected my plan. I insisted that we do it now. It is difficult to meet the needs of both the customers and management. We have already successfully developed the product. It was finished on time. We just need to make a decision about when to release it.